"一带一路"
二十四个重大理论问题

梁昊光　张耀军　著

人民出版社

作者简介

梁昊光,发展理论和政策分析专家。北京第二外国语学院国家一带一路数据分析与决策支持北京市重点实验室主任,首席专家,教授,博士生导师,中国一带一路战略研究院副院长,北京市首都发展研究院院长。《中国"一带一路"投资与安全发展报告》与《中国"一带一路"文化旅游发展报告》执行主编。

张耀军,毕业于北京大学国际关系学院,曾入职外交部,常驻泰国使馆、加拿大卡尔加里总领馆,现为北京第二外国语学院一带一路战略研究院国家一带一路数据分析与决策支持北京市重点实验室首席专家,高级研究员,从事国际关系、数字外交研究。

内容简介

　　中国特色社会主义进入新时代，中国外交形成全方位、多层次、立体化布局。时代是思想之母，实践是理论之源。这是一个需要理论而且能够产生理论的时代。随着"一带一路"建设实践的持续深入，"一带一路"理论构建需求不断提上议事日程。新形势下，以习近平新时代中国特色社会主义思想为指引，加快推进"一带一路"理论建设，将为深入推进"一带一路"实践发展提供高水平理论支撑和决策服务。

　　本书从历史与现实结合、理论与实践融合的视角出发，集中研究"一带一路"命运共同体、绿色丝路、数字丝路、北极航道、地理空间、金融创新、能源合作、语言规划、智库话语权等 24 个重大问题，并提出相关理论构想和操作建议，将为我国"一带一路"理论研究提供有益的智力支撑。

序

"一带一路"是一面"旗帜"

　　源于对世界形势的观察和思考,以及为了应对和化解我国和平发展面临的重大挑战和突出矛盾,2013 年习近平总书记提出了共建"一带一路"的国际合作倡议。四年来,中国作为首倡者,做了大量的工作。"一带一路"因其道义上的感召力,也得到了国际社会的积极响应。因此,"一带一路"建设取得了远超预期的成效。在中国共产党第十九次全国代表大会上,习近平总书记作的政治报告,从全面对外开放、促进区域协调发展、构建人类命运共同体等方面,对推进"一带一路"建设又作出精辟论述。大会还通过决议,将推进"一带一路"建设正式写入党章。这一切充分体现了中国方面推进"一带一路"建设的态度和决心,也进一步提升了"一带一路"建设在中国对外开放和对外合作中的地位。

一、"一带一路"为中国开放拓展了新空间

　　改革开放四十年来,对外开放始终是中国经济持续快速增长的主要动力。前 20 年的增长主要得益于东部沿海地区的率

先开放,进入 21 世纪的十多年则得益于加入 WTO 后的进一步对外开放。当前,中国经济与世界经济已深度融合,要保持中国经济持续健康地发展,必须坚持对外开放的基本国策,更加自觉地树立全球视野,更加积极地统筹国内国际两个大局,实施全方位的对外开放。考察过去四十年的对外开放,实际上我们主要是面向太平洋方向、向东的开放、向发达国家的开放,而向西、向印度洋的开放是远远不够的。"一带一路"倡议的实施,要求在继续做好原有开放工作的同时,要关注向西、向印度洋方向的开放。这无疑为中国的开放拓展了新的空间,为中国企业施展才干提供了更宽广的舞台。

经过这么多年的积累,当前和今后一个时期,我国已经从以"引进来"为主,进入到了"引进来"与"走出去"并重的阶段,或者说到了大规模地"走出去"、高质量地"引进来"的发展阶段。2002 年以来,我国在吸引外商直接投资的同时对外直接投资以两位数快速增长,年均增速高于 30%,到 2015 年达到 1456 亿美元,位列世界第二,已超过外商直接投资 1356 亿美元,成为资本净输出国。2016 年对外直接投资更高达 1961 亿美元。实际上这标志着我国在更大程度、更广范围、更深层次上融入世界经济。从国内情况看,随着支撑传统增长方式的国内外条件和环境的深刻变化,经济发展进入新常态,"人口红利"消退、资本劳动比上升、企业赢利空间收窄、各类风险累积,这要求我们必须重塑国际竞争新优势。更加积极主动地在全球范围内配置资源是重塑新竞争优势的重要途径。"一带一路"的推进为我国企业拓宽海外布局,在全球范围内争取资源、整合产业链以及引领技术等方面提供了新天地。

二、"一带一路"为全球经济增添了新动能

　　20世纪90年代冷战结束以后,世界经历了一个全球化迅猛发展的时期,世界经济也因此获得了快速的增长。可以说,经济全球化为世界经济增长提供了强劲动力,促进了全球范围内生产要素的流动、科技和文明的进步、各国人民的交往。发达国家作为全球化的主要推手,从中获取了巨大的利益。许多发展中国家也抓住了机遇,取得了长足的进步。其中,中国是佼佼者,发展的成就令全球为之瞩目。这表明,经济全球化符合经济规律,符合各方利益。但经济全球化是把双刃剑,它在推动全球经济增长的同时,也带来了一些新情况新挑战。2008年国际金融危机以来,全球经济遭受重创,近十年来经济复苏乏力,投资贸易低迷,世界经济仍笼罩在金融危机的阴影之下,全球性挑战加剧了世界经济不确定性。为此,世界各国都在努力寻求尽早摆脱困境的良方。面对全球面临的共同风险和挑战,本应发扬同舟共济、合作共赢的精神,加强宏观政策协调,创新经济增长方式,努力推动经济全球化朝更加包容的方向发展。不幸的是,这时有人把导致当今世界问题的罪责安在了经济全球化身上,正像习近平主席2017年年初在达沃斯世界经济论坛上做的一个比喻,他说经济全球化曾经被人们视为阿里巴巴的山洞,现在又被不少人看作潘多拉的盒子。由于他们把罪责加在了经济全球化的身上,开出的解决问题的药方就是逆全球化的办法。因此,我们都可以看到,近年来,一些过去高举自由化旗帜的国家,政策内顾倾向加重,民粹主义、保护主义抬头,逆全球化思潮涌

动，"黑天鹅"事件频发，世界的不确定性陡增。这充分说明，世界确实有了病，他们在吃药，但开错了方子，吃错了药。

"一带一路"国际合作倡议的核心内涵就是，促进基础设施建设和互联互通，加强经济政策协调和发展战略对接，以更开放的心态，促进协调联动发展，实现共同繁荣。以"一带一路"建设为契机，开展跨国互联互通，推动国际产能和装备制造合作，本质上是通过提高有效供给来催生新的需求，实现全球经济的再平衡。特别是在当前世界经济持续低迷的情况下，如果能够将顺周期下形成的巨大产能和建设能力，与逆周期时宽松政策创造的超额货币供给结合起来，满足沿线国家工业化、现代化的发展需求和提升基础设施水平的迫切需要，既有利于稳定当前的全球经济增长形势，也有利于提高生产要素质量，为下一个增长周期的到来提前打下基础；既避免了生产力的浪费，引导资源合理有效配置，也有利于为盘踞于银行体系的"货币堰塞湖"寻找稳定出口，低成本地开展项目建设，从而获取中长期、可持续、有前景的经济和政治回报。而且，"一带一路"建设主要面向欧亚非大陆，欧亚非大陆曾经是人类文明的重要发祥地，是《一千零一夜》里讲的"流淌着牛奶与蜂蜜的地方"。在当今世界发展格局中，由于多方面的原因，这一地方的一些地区，成了冲突、贫困和恐怖的代名词。但这块区域，人口众多，资源丰富，蕴含着巨大的市场空间和发展潜力。如果能够通过创新合作方式，把潜在的庞大的人口红利、产出潜力和各种优质资源要素相结合，就能够产生新的增长奇迹，这不仅有助于这块区域本身的发展，对带动全球经济的复苏亦将发挥重要的作用。"一带一路"建设就有此功效，它可以充分发挥中国的独特优势，利用积累的丰富经验、技术和资金,为便利亚欧大陆乃至全球的经贸往来作出贡献,为全球经济增长带来新动能。

三、"一带一路"为人类命运指明了新愿景

当今世界,人类面临诸多共同的问题和挑战,需要国际社会去共同应对。而"一带一路"的提出,体现了中国推动全球治理体系变革的智慧,为实现更加公平合理的全球治理体系提供正能量,为人类共同命运提供新愿景。

中国在全球治理体系中的角色经过了不断调整的过程,新中国成立后至 20 世纪 70 年代曾游离于国际体系之外,未能充分参与到国际治理中来。70 年代到 90 年代,随着国际形势的变化和对外战略的调整,中国开始逐步地融入国际体系,并开始主动地参与国际事务。90 年代到 2010 年前后,为适应全球化的迅猛发展和国内改革开放的需要,中国以积极开放的姿态参与到全球治理中来,提升了参与全球治理的广度和深度,成为全球治理体系的主动参与者和建设者。2010 年后,我国参与全球治理的广度和深度达到新的水平,开始主动为全球性问题的解决提供中国方案,贡献中国智慧,成为推动全球治理模式朝着更公平合理方向变化的重要力量。总之,中国从最初游离于国际体系的旁观者,到国际秩序和规则的被动融入者和遵循者,再到现在的新的全球治理体系的建设性参与者和积极引领者,参与全球治理的广度和深度得以极大的提升,参与领域得到极大的拓展,参与态度发生了积极的变化。2015 年 9 月,习近平主席在纽约联合国总部出席第 70 届联合国大会时,提出了打造人类

命运共同体的理念，并对人类命运共同体作了系统的阐述，认为打造人类命运共同体就是要建立平等相待、互商互谅的伙伴关系，营造公道正义、共建共享的安全格局，谋求开放创新、包容互惠的发展前景，促进和而不同、兼收并蓄的文明交流，构筑尊崇自然、绿色发展的生态体系。2017 年 1 月，习近平主席又在联合国日内瓦总部发表重要演讲，提出了构建人类命运共同体，实现共赢共享的中国方案，并作出了中国愿与国际社会一道共同推进构建人类命运共同体的伟大进程的庄严承诺。

"一带一路"就是构建人类命运共同体的具体抓手，是践行人类命运共同体理念的伟大实践。

四年多的实践，人们越来越深刻感受到"一带一路"不仅仅是对外开放的范畴，更是一种智慧、一种哲学、一种精神、一种文化。它是一面旗帜，是一面在全球各国努力寻求前行方向的历史性关键时刻，中国举起的一面凝聚各方力量、实现共赢发展、推动文明互鉴、共建人类命运共同体的旗帜。

以共商共建共享之精神，这面飘扬的旗帜为矛盾和迷惘的世界指明了前景，为困惑和犹疑中的人们带来了希望。"一带一路"为沿线各国提供了一个合作新平台、找到了发展新动能、提出了治理新理念。它终将在亚欧非这片广袤的大陆上，打造出一个新生的巨大经济活跃地区，成为全球经济的新增长极。

这面旗帜之下的践行，不仅需要各方力量共同参与，更需要方法论的指引。

事实上，随着"一带一路"建设实践的持续深入，"一带一路"在各个领域的理论构建需求日益浮出水面。新形势下，以习近平新时代中国特色社会主义思想为指引，加快推进"一带一路"理论建设,为"一带一路"实践提供高水平理论支撑和决策服务,已经成为我国"一带一路"学界面临的一项重大而紧迫的任务。

我们高兴地看到,梁昊光教授领军的北京第二外国语学院国家数据分析与决策支持北京市重点实验室在这方面作出了有益的尝试。本书紧紧围绕建设一个什么样的"一带一路"以及怎样建设"一带一路"这一主题,从历史与现实结合、理论与实践融合的视角出发,集中研究"一带一路"命运共同体、绿色丝路、数字丝路、北极航道、地理空间、金融创新、能源合作、语言规划、智库话语权等重大问题,并提出相关理论构想和操作建议。我相信本书的出版将为我国"一带一路"理论研究提供有益的智力支撑,为中国由大而强贡献蓬勃的思想动力。

笔者于 2013 年起,亲历"一带一路"至今,理解录于此,以为序。

国家发展和改革委员会

欧晓理

2018 年 2 月 25 日

目　　录

前　言

加快新时代"一带一路"
理论建设势在必行

习近平总书记在党的十九大报告中指出,实践没有止境,理论创新也没有止境。世界每时每刻都在发生变化,中国也每时每刻都在发生变化,我们必须在理论上跟上时代。2016 年 8 月,习近平总书记在推进"一带一路"建设工作座谈会上提出加强"一带一路"建设学术研究、理论支撑和话语体系建设。大国崛起,理念先行。作为一项彰显中国理念和东方智慧的世纪工程,"一带一路"实践催生理论,理论创新则要进一步指导"一带一路"实践。站在新的历史起点上,以习近平新时代中国特色社会主义思想为指引加快"一带一路"理论建设,成为哲学社会科学界必须高度重视并全力投入的一项重大课题。

保持马克思主义政党先进性的内在要求。马克思主义是随着时代、实践、科学发展而不断发展的开放的理论体系,对人类前途与命运走向的求索是其恒定主题。马克思主义政党最鲜明的理论品格,就是高度重视思想武装、理论建设和价值导航,从服务人民根本利益出发,坚持理论联系实际,与时俱进推进实践基础上的理论创新,实践每前进一步,理论创新和理论武装也必然向前推进一步。习近平总书记指出："中国共产党之所以能够完成近代以来各种政治力量不可能完成的艰巨任务，就在于始终把马克思主义这一科学理论作为自己的行动指南，并坚持在实践中不断丰富和发展马克思主义。"①

2008 年国际金融危机以来，世界格局进入快速变化的历史进程之中。当前，经济全球化遭遇逆风，复苏进程仍不稳固，大国地缘政治博弈加剧，局部冲突动荡频发，反全球化运动、贸易保护主义、民粹排外行为、国际恐怖活动抬头，网络安全、重大传染性疾病、气候变化等非传统安全威胁持续蔓延，世界面临的不稳定性不确定性突出，和平赤字、发展赤字、治理赤字挑战严峻。从国内看，党和国家的事业发生历史性变革，推动中国经济实力、科技实力、国防实力、综合国力进入世界前列，推动中国国际地位实现前所未有的提升，中国发展仍然处于重要战略机遇期，但中国作为世界最大发展中国家的国际地位没有变。

在这样的时代背景下，以习近平同志为核心的党中央着眼人类命运走向和世界文明发展，着眼于中国与世界关系前所未有的变化，统筹国内国际两个大局，谋划发展安全两件大事，加强理念引导，推进理论创新，提出"一带一路"倡议，将其纳入党的十九大报告和《中国共产党章程》。这一倡议将"和平合作、开放包容、互学互鉴、互利共赢"的丝路精神与沿线各国国情和时代特征密切结合，推动构建开放包容、公平正义、合作共赢的新型国际关系和共商共建共享的人类命运共同体。这一倡议理论逻辑与实践逻辑相结合，知与行相统一，展示了中国共产党人

---

① 习近平：《在庆祝中国共产党成立 95 周年大会上的讲话》，《人民日报(海外版)》2016 年 7 月 2 日。

马克思主义政党与时俱进的理论品格,彰显出中国共产党始终为人类作出新的更大贡献的使命担当,进一步增强了中国共产党的思想引领力和理论感召力。

丰富新时代中国特色社会主义思想的内在体现。习近平总书记强调:"要在坚持马克思主义基本原理的基础上,以更宽广的视野、更长远的眼光来思考和把握国家未来发展面临的一系列重大战略问题,在理论上不断拓展新视野、作出新概括。"①习近平新时代中国特色社会主义思想系统回答了新时代坚持和发展中国特色社会主义的一系列重大问题,开辟了马克思主义中国化新境界,为实现社会主义现代化和中华民族伟大复兴提供了最新理论指引和根本遵循,是中国特色社会主义理论一次里程碑式的飞跃。在习近平新时代中国特色社会主义思想指引下,中国走出了一条中国特色的大国外交之路,呈现出鲜明的中国特色、中国风格和中国气派。

任何理论都是对时代问题的思索和回答。作为中国特色大国外交的一面旗帜,"一带一路"直面当代全球化理论困境和全球治理危机,鲜明提出共商共建共享的全球治理观,引领打造开放、包容、普惠、平衡、共赢的新型全球化,带头树立共同、综合、合作、可持续的新安全观,努力践行创新、协调、绿色、开放、共享的发展观,生动展示义利相兼、以义为先的正确义利观。习近平总书记在党的十九大报告和 2017 年 5 月"一带一路"国际合作高峰论坛中多次强调,要牢牢坚持共商共建共享原则,积极促进"一带一路"国际合作,努力实现政策沟通、设施联通、贸易畅

---

① 《习近平在省部级主要领导干部"学习习近平总书记重要讲话精神,迎接党的十九大"专题研讨班开班式上的重要讲话》,新华社,2017 年 7 月 27 日。

通、资金融通、民心相通,将"一带一路"建成和平之路、繁荣之路、开放之路、创新之路、文明之路,同世界各国人民一道建设持久和平、普遍安全、共同繁荣、开放包容、清洁美丽的世界。有关论述深刻阐明新时代"一带一路"建设的战略目标、主要任务、指导原则、实践路径,包含着丰富的理论内涵和深刻的思想意蕴,是当代中国外交的重大理论创新成果,进一步完善了中国特色大国外交理论体系,丰富了习近平新时代中国特色社会主义思想,为新时代"一带一路"建设提供了理论指南和实践遵循,为充满不确定性的世界注入了思想定力和理论活力。

实践是检验真理的唯一标准,评判理论是否对实践发生效力,要用事实说话。"一带一路"倡议提出短短几年时间里获得100多个国家和国际组织的支持和响应,联合国大会、安理会、人权理事会、社会发展委员会等机构近年相继将"一带一路"及其承载的人类命运共同体理念、共商共建共享的全球治理观写入相关决议,有力表明"一带一路"正以其旺盛的凝聚力、感召力和塑造力获得国际社会广泛认可,体现出理论支撑对"一带一路"实践的共识凝聚和价值提升意义。

为人类对更好社会制度的探索作出理论贡献的不懈追求。"一带一路"沿线发展中国家众多,摆脱贫困、改善民生、稳定增长、实现发展是这些国家的普遍梦想。如何解决包括"一带一路"国家在内广大发展中国家的发展是一项关系人类社会走向的战略课题,迫切需要科学的理论指导。第二次世界大战以来,不少发展中国家依靠西方理论和模式谋求实现本国现代化发展,但成功例子不多。据世界银行统计,从1960年到2008年,在101个中等收入国家和地区中,只有13个跻身高收入经济体

行列,这其中还包括一些西方出于地缘政治需要大规模投入、刻意扶持的国家和地区。大多数发展中经济体尚未摆脱低收入或跨越"中等收入陷阱",一个重要原因在于它们盲目迷信西方理论,跳脱不出"现代化即西方化"的理论预设,在制定国家政策时机械照搬西方发展模式,无法摸索出一套符合自身国情的发展理论,无法制定适合本国实际的现代化战略,无法走出一条行之有效的发展路径。

国情和条件的相似性决定了理论和经验的适用性。"一带一路"是中国因应全球发展格局变化和推动自身发展方式转型的合作倡议,作为一种发展哲学,其深入推进必然要在理论上体现中国特色社会主义的发展经验。这一倡议秉持"世界好,中国才能好;中国好,世界才更好"①,将中国改革开放与人类共同发展紧密结合,以发展为最大公约数,以合作共赢为核心理念,以维护广大发展中国家共同利益为责任担当,努力为发展中国家营造良好国际发展氛围,拓展发展机遇,争取更大的国际话语权。这一倡议与联合国2030年可持续发展议程精神契合、方向一致,为全球发展议程设定了价值目标,指明了实现路径,规划了发展蓝图,创造性地回答了全球发展面临的理论和实践难题,拓展了发展中国家走向现代化的途径,给世界上那些既希望加快发展又希望保持自身独立性的国家和民族提供了全新选择,为人类对更好社会制度的探索贡献了中国智慧和方案,生动诠释了中国要做世界和平的建设者、全球发展的贡献者、国际秩序的维护者的负责任大国形象。

---

　　① 习近平:《共同构建人类命运共同体》,人民网,2017年1月19日,http://politics.people.com.cn/n1/2017/0119/c1001-29033860.html。

　　"一带一路"理论构建是一项系统性工程，要加强总体设计，统筹协调推进。要久久为功，积健为雄。

　　坚定理论自信。理论自信关乎"一带一路"的发展前景和未来走向。"一带一路"理论自信来自倡议对当今世界时代特征和人类社会发展总体趋势的深刻把握，来自中国特色社会主义道路、理论、制度和文化自信在"一带一路"实践中的投射和影响，来自倡议提出至今超出预期的建设成果和所获得的广泛国际支持，来自"一带一路"自身秉承的开放理论特质和包容价值追求，有着坚实的历史基础、实践基础、价值基础和国际基础，体现出深刻的真理性、时代性、开放性和人民性。

　　坚定理论自信，首在增强政治意识，提高理论站位，以习近平新时代中国特色社会主义思想为指导，深刻认识"一带一路"理论建设对新时代中国特色社会主义思想所具有的重要意义及其对推动中国特色社会主义新时代发展所具有的实践价值，不断深入研究当今世界和"一带一路"建设面临的重大问题，走自己的理论构建之路，为"一带一路"进入全面建设阶段做好深入的思想和学术准备。

　　深挖理论内涵。"一带一路"生动实践为其理论构建提供了丰厚养分。要按照习近平新时代中国特色社会主义思想和构建人类命运共同体理念要求，以打造和平、繁荣、创新、开放、文明的"一带一路"实践需求为目标，深入挖掘其理论内涵。

　　坚持问题导向。问题是时代的先声，是理论创新的动力源。"一带一路"理论要聚焦"一带一路"实践中面临的基本性、全局性、战略性的重大紧迫问题，精准把脉建设难点、痛点、焦点，找准发力点、切入点、战略要点，结合构建开放型世界经济体系，统筹研究"六廊六路多国多港"建设的现实需求和可行性,深入研究"一带一路"推动减贫、工业化、发展合作、基础设施建设、全球价值链构建等方面的理论内涵,加强分析有关问题的性质与原因、类别与样态、现状与趋势等,将实践经验科学化、理论化、系统化。

坚持人民立场。为什么人的问题是哲学社会科学研究的根本性、原则性问题,理论也只有为人民所掌握,才能真正发挥威力。人民是"一带一路"建设的主体,"一带一路"建设要以沿线各国人民对美好生活的向往为根本出发点和落脚点,把以人为本的价值取向贯穿到"一带一路"建设之中,聚焦人民主动创造,尊重人民主体地位,践行自愿互利原则,让沿线各国人民在共商共建"一带一路"中共享更多的获得感和幸福感,在实实在在的利益中让"一带一路"理论在沿线国家生根发芽,内化为促进各国积极参与"一带一路"建设的不竭价值理念和认知动力。

坚持时代视野。时代是思想之母,任何理论都属于它所植根的时代。"一带一路"理论建设要聆听时代声音,呼应时代召唤,把握时代特点,直面时代课题。针对全球交往日益频繁、全球治理日益深入的现实,"一带一路"理论建设要将中国发展同"一带一路"沿线各国以及人类社会整体发展结合起来思考,把中国改革开放面临的问题同世界和平发展面临的挑战联系起来解决,将"一带一路"历史文化与当代国际政治现实贯通起来把握,在综括规律的基础上探索"一带一路"建设,推动人类进步事业发展。

推进理论创新。理论的活力源自创新的动力,理论创新要在回答时代和实践提出的重大课题中不断推进发展。中国特色社会主义进入新时代，"一带一路"理论创新也要进入新时代，要用发展着的理论指导发展中的"一带一路"实践，不断推进实践基础上的理论创新，实现理论创新和实践创新良性互促。

加强"一带一路"建设学术研究。"一带一路"实践囊括传统、新兴、前沿、交叉等多项学科。要以人类命运共同体为宗旨，以推进全球治理体系变革为目标，紧紧围绕建设一个什么样的"一带一路"以及怎样建设"一带一路"这一主题，突破学科界限，打造多学科交流平台，探索构建"一带一路学"。依托"丝路学"丰富研究成果，将"一带一路学"纳入中国特色哲学社会科学总体框架进行全方位、多层次、立体化的理论构建，尽快明确其实践基础、学科定位、概念范畴、研究方法、理论工具等，深刻揭示新时代"一带一路"理论渊源、发展规律、建设路径、战略步骤、外部条件等，形成兼具明晰概念、深厚学理、自治逻辑、完备系统的"一带一路"学科体系，唱响中国学术声音，贡献中国理念智慧。

加强"一带一路"建设理论支撑。理论作为实践的反映，其有效性取决于被解释对象的重要性。中国作为"一带一路"首倡国，"中国经验""中国特色""中国道路"备受关注。把中国实践总结好，就有更强能力为解决世界性问题提供思路和方法。"一带一路"理论建设要总结、提炼、概括中国实践和经验，将中国发展实践的规律性成果升华为系统化的一般性理论，使其更具认同价值和普遍意义。坚持运用马克思主义立场、观点和方法指导"一带一路"理论构建，基础研究与应用研究并举，宏观研究与微观研究并行，理论研究与实践推进并重，充分借鉴世界历史理论、国际关系理论、全球治理理论、公共产品理论、比较优

势理论、中心边缘理论、共生系统理论、经济增长理论、人类文化学等,取其精华,为我所用。坚持不忘本来、吸收外来、面向未来,加强对中华优秀传统文化的挖掘和阐发,发挥中华优秀传统文化天人合一的宇宙观、协和万邦的国际观、和而不同的社会观的现代意义和价值,为"一带一路"理论建设注入鲜明的中华文化精神和要义。

加强"一带一路"话语体系建设。"一带一路"倡议源自中国,中国智慧亦应对"一带一路"话语建设贡献力量。要大力构建"一带一路"主流研究话语体系,在概念、范畴、命题等诸多方面,着力打造融通中外、贯通古今、东西交汇的新概念新范畴新表述,构建具有原创性、标识性和中国主体性的核心话语,使其既具中国特色又有世界意义,既反映时代特征又占据历史高点。要着力讲好"一带一路"故事,不断提升"一带一路"话语体系的时代性、国际化、亲和力,在多元中主导,在多变中指向,实现思想动力、理论魅力、国际软实力的深度融合。要紧跟智能时代发展步伐,积极运用大数据技术强化"一带一路"数据库基础设施建设,打造方便快捷、资源共享的数据平台,为"一带一路"话语体系建设提供信息化、智能化支撑。围绕"一带一路"和世界面临的重大问题,加强世界格局、国际战略和全球治理学术研究,为"一带一路"建设凝聚价值共识和理念追求。

1

合作共赢：

"一带一路"如何走得通、走得远、走得久

"一带一路"从概念到规划，从倡议到实施，呈现出广阔的战略延展性，面对复杂的地域特征，破解了如何行得通的问题。本文试图回答"中国方案"如何推动沿线国家和平合作、共同发展，如何创新全球治理体系的新途径，如何以更高的站位、更广阔的视野让"一带一路"走得更远、走得更久，如何助推"一带一路"利益共同体和命运共同体建设等一系列问题。

推进"一带一路"建设，是中国统筹国内国际两个大局作出的重大部署，是推动沿线国家加强互利合作、共谋发展繁荣的战略倡议。中国共产党十八届五中全会提出创新、协调、绿色、开放、共享发展理念，是管全局、管根本、管长远的导向，具有战略性、纲领性、引领性。"一带一路"建设蕴含新发展理念，新发展理念则为"一带一路"建设提供新指引。在新理念的引导下，"一带一路"建设将呈现发展新气象，彰显中国对人类社会发展的贡献，具有深远的世界意义。

一、"一带一路"建设的中国贡献和世界意义

（一）丝绸之路精神的新传承

两千多年前,陆上丝绸之路与海上丝绸之路的开辟将中国与亚、欧、非三大洲的众多国家联系起来。正是在丝绸之路的引领推动下,世界开始了解中国,中国开始影响世界。在中华民族同其他民族的友好交往中,逐步形成了以"和平合作、开放包容、互学互鉴、互利共赢"为特征的丝绸之路精神。今天,世界格局正发生着深刻的变化,中国与世界面临着又一个战略性关口。中国继承和发扬丝绸之路精神,砥砺前行,提出"一带一路"倡议,唤起了沿线国家的历史记忆,引发国际社会热烈反响。正所谓"国之交在于民相亲,民相亲在于心相通","一带一路"沿线各国历史文化宗教不同,只有通过文化交流与合作,才能让各国人民产生共同语言、增强相互信任、加深彼此感情。"一带一路"紧扣和平、发展、合作、共赢的时代主题,生动诠释中国和平发展理念,丰富和平共处五项原则,顺应了时代要求和各国加快发展的愿望,把中国的发展同沿线国家发展结合起来。"一带一路"紧贴世界多极化、经济全球化、社会信息化、文化多样化和国际关系民主化的时代潮流,体现中国"亲、诚、惠、容"外交理念,赋予古丝绸之路全新的时代内涵,把中国梦同沿线各

国人民的梦想结合起来。

经济唱戏需文化搭台。文化传承与创新是各国经济贸易合作的"软"支撑。文化交流总是与生产知识、生活知识的交流融合在一起,先进科技文化的引进往往直接促进一个地区生产力的发展。古代中国许多科学文化创新创造通过丝绸之路传到西方后,对西方近现代科学的发展起到了积极的推动作用;近代西方的一些现代科学知识,也是通过海上丝绸之路传到中国的。文化交流通过引进新的技术、新的信息,不仅能够激发一个社会的经济发展活力,而且能够缩短社会发展的进程。如今,纵观丝绸之路沿线各国,其大都是世界多极化和全球化的中坚力量,沿线各国都有必要借鉴其他地域的文明成果来推动本国经济社会的进一步发展。"一带一路"的提出体现了中国"与邻为善、以邻为伴"的诚意与友善,尊重理解沿线国家的历史、语言、宗教、风俗等差异。倡导文化先行,树立文化引领经济的高度自觉,推动传统文化的传承与现代文化的创新,通过进一步深化与沿线国家的文化交流与合作,促进区域合作,实现共同发展。

(二)全球经济增长的新引擎

2008年国际金融危机以来,世界经济结构性失衡加剧,在深度调整中曲折复苏,动能不足。"一带一路"是中国针对世界经济复苏低迷开出的药方。它倡议政策沟通、设施联通、贸易畅通、资金融通、民心相通,构建中蒙俄、中国—中亚—西亚、新亚新的自贸协定和现有自贸协定升级。

"一带一路"建设将为沿线各国共同发展增添新动力，为世界经济发展注入新活力，有利于全球经济实现平衡和复苏增长，为共建发展繁荣的世界添砖加瓦。从区域经济大市场的视角来看，"一带一路"是由沿线节点城市及港口互联互通构成的、辐射城市及其腹地的贸易网络和经济带，是一个促进亚洲、亚欧、亚非经贸市场中商品、资金、人才、技术、信息等各要素自由流通的超大型"自由贸易"市场。"一带一路"的建设顺应经济全球化的趋势，促进经济要素有序、高效的自由流动，实现资源高效配置。从而推动沿线各国实现经济政策协调，实现更大范围、更高水平、更深层次的区域合作，形成生产要素自由流动的新的经济合作架构。从工业化视角看，"一带一路"倡议的推出，表明中国的工业化进程正在产生更大的"外溢"效应。"一带一路"沿线国家处于不同的工业化阶段，拥有不同的经济发展水平，加之资源禀赋各异，形成了不同的优势产业类型。通过各国间的产能转移与合作，有利于实现"一带一路"国家产业链的有效转移和分工明确的生产网络的构建，将带动"一带一路"沿线国家产业升级、经济发展和工业化水平的进一步提升。

（三）命运共同体建设的新探索

与历史上以力取利、赢者通吃的大国崛起方式不同，中国倡议"一带一路"秉持"既让自己过得好，也让别人过得好"的理念，信的是众人拾柴火焰高，想的是大家共同发展才是好的发展，始终从谋求沿线各国互利共赢的根本利益出发。这充分体现了中国和平发展的决心，以及践行"达则兼济天下"义利观的诚意。随着中国综合国力的上升以及国际影响力的扩大,中国有能力也有意愿为世界提供更多的公共产品。"一带一路"在推进过程中既授人以鱼亦授人以渔,致力于在保持战略韧性的前提下,通过发挥中国的带动作用,深入挖掘沿线地区发展潜力,充分调动沿线国家各方面的积极性,积极促成互利共赢、合作发展的态势,让沿线国家以一种可持续的方式搭乘中国发展的"快车""便车"。

中国愿以建设性的姿态推动国际秩序和全球治理朝着更加公正合理的方向发展。当前,现有的国际规则体系未能反映世界权力结构的变化,缺乏针对跨国性事务的制度设计,缺乏对文明多样性的尊重,无法有效管理全球事务,"全球治理赤字"日趋扩大,国际秩序和全球治理正处在历史的转折点上。国际社会亟须继承、改进、整合、创新现有国际规则体系。"一带一路"建设恪守《联合国宪章》的宗旨和原则,坚持共商、共建、共享的全球治理理念;着眼沿线各国实现发展的共同需求和互补优势;注重与现有机制相辅相成,注重合作模式多元化,注重制度建设与务实合作齐头并进,注重区域治理与全球治理协调共进;通过务实合作将沿线国家人民的命运紧密相连,不仅有力带动沿线国家经济繁荣和社会发展,也极大促进各国相互信任和互学互鉴,推动各国共同打造政治互信、经济融合、文化包容的利益共同体、责任共同体和命运共同体。"一带一路"通过自身发展带动和促进世界共同发展,开启了对全球治理新模式的探索,体现了超越狭隘民族国家利益和意识形态纷争的创新精神,为构筑人类命运共同体开启了新航程。

二、三大原则保障"一带一路"道宽路畅

要想走得远,必先行得通。加强规划协调,有力有序有效推进"一带一路"建设,是其持续健康发展的内在要求。"一带一路"倡议是一个包容性、开放性的构想,倡议具有多元的国家战略诉求,包含多重的对外开放功能,呈现广阔的地域延展性,倡议指向合作、互信、交流、融合等多重开放功能,充分利用现有合作机制和平台,照顾各方利益关切,寻求合作最大公约数,推动沿线国家实现发展目标相互对接、优势互补。协调推进"一带一路"建设表明,人类社会发展并非只有战争起家、殖民掠夺一条道路,共商、共建、共赢的"和而不同"发展路径应该成为国际社会的优先选项。中国主张命运与共的命运共同体理念要求一个国家也不能掉队,可能发展有先有后,但都要同舟共济、水涨船高、共同发展,做到共商、共建、共享,共担责任,实现合作共赢。

(一)共商是行得通的基础和原则

共商就是集思广益,兼顾各方利益和关切,体现各方智慧和创意,好事大家商量着办。"一带"和"一路"倡议分别在哈萨克斯坦和印度尼西亚提出,本身采取的就是与东道国共商的形式。共商"一带一路"建设强调彼此坦诚相待,不惧怕分歧,不回避问题,注重平等协商,把对话当作"黄金法则"使用,不刻意追求一致性,不强人所难,高度灵活,富有弹性。中国坚持与邻为善、以邻为伴,坚持睦邻、安邻、富邻,践行亲、诚、惠、容理念,努力使

自身发展更好惠及亚洲国家。"一带一路"沿线国家数量众多，各国发展水平、经济规模、文化习俗等差别很大，以共商为基础，沿线各国作为平等参与者都可以参与到协商中间来，兼顾各方利益和关切，才能切实凝聚力量、体现各方智慧。共商"一带一路"建设倡导文明宽容，互尊互信，开展文明对话，促进文明互鉴，尊重各国自主选择的发展道路，尊重各国推动经济社会发展的实践。"穷则独善其身，达则兼善天下"，共商"一带一路"建设注重以机制化安排推进合作，建立一系列磋商机制，通过目标协调、政策沟通和规划对接，把各国潜力挖掘出来，使各方优势互补起来，将各国利益交汇起来，不断扩大合作增长点和战略融合点，形成协同效应。

（二）共建是协调发展的核心和手段

中国是"一带一路"的倡导者，但建设"一带一路"不是中国一家的事，沿线国家都可以发挥作用，只有各方相互搭台补台，"一带一路"才会好戏连台。作为发起国，中国自倡议伊始就以实际行动推动共建"一带一路"，习近平、李克强等中国领导人在高层交往中多次深入诠释"一带一路"的深刻内涵和积极意义。共建"一带一路"坚持自愿原则，尊重各国法律法规，遵循国际规则惯例，统筹沿线各国的共同利益和具有差异性的利益关切，努力形成各国充分发挥比较优势、区域协同联动发力、全线一体稳步推进的共建态势。共建"一带一路"既发挥政府在宣传推介、建立机制等方面把握方向、协调引导作用，又注意构建以市场为基础、企业为主体的合作机制，努力形成政府、市场、社会有机结合的合作模式。共建"一带一路"既登高望远，做好顶层设计，规划好方向和目标；又脚踏实地，加快推进有共识、有基础的项目，争取早期收获。共建"一带一路"正是实现命运共同体伟大使命的现实载体，正是共筑命运共同体的实施战略、实现路径和实现形式。

（三）共赢是结伴走得更远的目标和动力

中国不仅致力于自身发展，也强调对世界的责任和贡献，坚信只有合作共赢才能办大事、办好事、办长久之事。习近平总书记在中共中央政治局就历史上的丝绸之路和海上丝绸之路进行的第三十一次集体学习时强调，"一带一路"建设要以中国发展为契机，让更多国家搭上中国发展快车，帮助它们实现发展目标。"一带一路"倡议从中国人民与世界各民族合作共赢的根本利益出发，不仅造福中国人民，也造福世界人民。在坚定不移走和平发展道路的同时，将自身发展战略与他国发展战略进行对接，将自身资本、技术和优势产能输出与他国发展经济的现实需求予以衔接，扩大彼此战略契合点和利益交汇点，寻求共赢发展的最大公约数。在充分发挥现有合作机制平台作用的基础上，积极推动建立亚投行、丝路基金等新型金融合作机制，从更大范围、更广领域、更深层次推动双多边全面务实合作，促进沿线国家和地区经济、政治、文化和安全良性互动、共同发展。

四年多来，"一带一路"从概念到规划，从倡议到实施，参与伙伴越来越多，产能合作全面推进，亚投行、丝路基金等金融支撑顺利投入运营，中巴经济走廊、中泰和匈塞铁路等标志性大项目有序推进，沿线国家在全球供应链、产业链和价值链上的地位不断提升。"一带一路"建设必将推动沿线各国开展更大范围、更高水平、更深层次的区域合作,有利于共同打造开放、包容、均衡、普惠的区域合作架构,为全球跨区域合作树立良好典范。

三、五大发展理念融合"一带一路" 走得通、走得远、走得久

(一)创新协调"一带一路"绿色发展

如果说改革开放是当代中国最大的"创新","一带一路"则是改革开放的"升级版"。从创新发展的视角看,"一带一路"是中国向国际社会提供的最大公共产品。新的历史条件下,以更高的站位、更广的视野,以创新理念和思维,继承和弘扬丝绸之路精神,推动世界经济复苏增长,打造人类命运共同体,体现了中国"协和万邦"的使命追求和历史担当。

1.有共同理念才能走得更久

生态文明是人类社会进步的重大成果,是通往人与自然和谐相处的必由之路。古丝绸之路因塔克拉玛干沙漠的蔓延而淹没在历史深处,教训深刻。建设绿色丝绸之路,既是实现"一带一路"可持续发展的必要条件,更是顺应人类社会文明进程的必然要求,彰显了中国"天人合一"的自然遵循,为建设绿色世界贡献力量。

牢固树立绿色"一带一路"理念是放弃走堵的近路而选择走远的通畅路。"绿水青山就是金山银山","一带一路"沿线国家多为新兴经济体和发展中国家,大多处于工业化、城镇化发展的重要阶段,不少地区生态脆弱,环境承载力有限,既发展经济

又渴望保护环境,建设绿色"一带一路"是优先选择。"一带一路"建设顺应沿线国家平衡发展与环保的愿望,规划之初便明确提出建设绿色丝绸之路概念,强调在投资贸易中突出生态文明理念,加强生态环境、生物多样性和应对气候变化合作;在基础设施互联互通建设中充分考虑气候变化影响,强化基础设施绿色低碳化建设和运营管理。"一带一路"坚持绿色、低碳、循环、可持续发展,将生态文明建设融入建设各方面和全过程,构筑尊崇自然、绿色发展的生态体系,将成为凝聚沿线国家绿色发展合力的战略纽带。

积极开展绿色"一带一路"实践。"保护生态环境就是保护生产力,改善生态环境就是发展生产力。"①"一带一路"建设倡导形成政府、市场、社会有机结合的合作模式,推动携手共建绿色低碳可持续的新型发展模式,努力实现生产发展、生活富裕、生态良好,让美丽和发展同行。"一带一路"沿线国家建立健全有效的对话和联动机制,规划实施一批各方共同参与的重大项目,开发利用清洁能源,培育绿色技术产业,统筹推进域内生态建设和环境保护。当前,建设绿色"一带一路"已成为中国—阿拉伯国家集体合作的重点项目,是中欧未来最有潜力的合作领域。中国率先行动,认真落实气候变化领域南南合作政策承诺,如期启动在发展中国家开展的低碳示范区、减缓和适应气候变化项目;积极与一些沿线国家签署双边林业合作,启动亚欧林业示范项目,举办中亚地区林业战略合作高级研讨会。

2. 轻装减负,才能走得更远

为构建全球生态治理体系提供有力支撑。当今时代,随着

---

① 《习近平总书记谈绿色》,《人民日报》2016年3月3日。

全球生态安全问题日渐突出,各国日益成为唇齿相依的生态命运共同体。习近平主席在出席联合国成立 70 周年系列峰会时强调,"建设生态文明关乎人类未来。国际社会应该携手同行,共谋全球生态文明建设之路"①。"一带一路"建设主动适应生态全球化趋势,关注沿线国家生态利益和关切,多双边渠道并举,共建绿色丝绸之路,有利于促进地区生态文明建设,为保障全球生态安全作出贡献。共建绿色丝绸之路还将为沿线国家挖掘新的经济增长点,将生态环境、绿色产业转化为推动经济社会新发展、创造国际竞争新优势提供契机,以期推动各国在实现绿色发展的基础上,共建全球生态治理体系,携手迈向生态文明新时代。

(二)聚同化异缔造开放发展大格局

随着经济全球化的深入发展,各国交往越来越密切,利益交汇、命运交织日益凸显。开放带来进步,封闭导致落后。开放的"一带一路"扔掉你输我赢、赢者通吃的旧思维,拥抱多方共赢、美美与共的新理念,是沿线各国走向繁荣发展的必由之路,体现了中国"海纳百川"的开放胸襟和包容气度。

1."一带一路"建设理念的开放性

"一带一路"沿线国家历史文化传统、政治法律制度、经济社会发展、宗教价值观念迥异,选择差别化的社会制度、发展道路、生活方式合乎情理。"一带一路"建设坚持开放包容理念,追求聚同化异,奉行自愿平等参与原则,努力把世界的多样性和

---

① 习近平:《携手构建合作共赢新伙伴,同心打造人类命运共同体》,新华网,2015年9月29日。

各国的差异性转化为促进共同发展的能动性。"一带一路"建设坚持融合发展,诚心诚意相互对待,鼓励将本国发展与沿线其他国家发展结合起来,在推动发展机遇相互转化中谋求共同发展。"一带一路"建设坚持民心相通,夯实各国合作民意基础,以理念认同带动行动协同,推动经济在开放融合中发展,文明在交流互鉴中丰富,各国在互利合作中共赢,更说明一条路需要不同的人来走,才能通向更远。

2. "一带一路"建设平台的包容性

在全球经济复苏缓慢、贸易保护主义抬头的当下,"一带一路"坚持开放发展不动摇。"一带一路"致力于构建包容性发展平台,坚持伙伴关系,没有主从之分;不搞势力范围和封闭小圈子,完全向域内外所有国家开放,不排斥和针对任何第三方,没有冷战和集团对抗背景;不预设合作条件和门槛,不是援助方和受援方的关系,更不是任何国家的地缘政治工具。"一带一路"建设充分发挥上合组织、中阿合作论坛、东盟"10+1"等现有机制作用,既不替代也不与其恶性竞争,而是通过在现有机制的"瓶子"中装入"一带一路"的"新酒",推动沿线国家实现生产要素有序自由流动,资源高效配置和市场深度融合。"一带一路"的开放平台东连潜力巨大的亚太经济圈,西接成熟发达的欧洲经济圈,必将"带宽路长",在各国良性互动中开拓进取,实现和谐共赢。

3. "一带一路"建设主体的多元性

"一带一路"鼓励百花齐放,而非一枝独秀,一条路需要不同的人来走,才能通向更远。"一带一路"的合作伙伴基于但不限于古代丝绸之路和亚欧大陆,所有有意愿的国家和经济体都可以加入"一带一路""朋友圈",发挥建设性作用,推动并受益于"一带一路"。"一带一路"的合作范畴也不仅限于政府间合作,各国地方政府、金融机构、跨国公司、国际组织和非政府组织都可以参与进来,形成政府主导、企业参与、民间促进的立体格局,使政府有形之手、市场无形之手、社会勤劳之手同向发力。"一带一路"建设鼓励各国主动开放、多向开放、全面开放、公平开放,协力缔造双赢、多赢和共赢的开放发展大格局。

(三)共担责任、共克时艰、共享机遇、共创繁荣

共享是"一带一路"建设的出发点,也是"一带一路"建设的落脚点,体现"一带一路"建设的本质要求。在面向未来、面向世界的时空坐标中,"一带一路"建设坚持共建与共享的统一性、利益与责任的一致性、早期收获与长远发展的协调性,着力打造利益共同体、责任共同体和命运共同体,展示出中国"兼善天下"的世界观和促进沿线国家共同发展的勇气和决心。

1. 共建与共享的统一性

共建是共享的基础和前提,共享则是共建的目的和归宿。统筹协调共建和共享之间的关系,"形成人人参与、人人尽力、人人都有成就感的生动局面",是"一带一路"建设的前进方向。当前,"一带一路"正在成为全球瞩目、各方竞相参与的伟大事业,一系列深化合作交流的政策机制已经形成,一大批标志性工程项目正在实施,各国共谋发展,相互对接,不断衍生出新的合作机遇和方案,共建"一带一路"取得了阶段性成果。中巴经济走廊最大道路项目——白沙瓦至卡拉奇高速公路动工,老挝史上最大规模基建项目——中老铁路老挝段奠基,东南亚地区首

条高铁——印尼雅万高铁兴建；对接俄罗斯"欧亚经济联盟"、欧洲"容克计划"、哈萨克斯坦"光明之道"新经济政策、蒙古"草原之路"倡议等稳步推进。"一带一路"建设鲜明诠释了"共建中共享、共享中共建"这一利益共同体的生命力。

2. 利益与责任的一致性

"一带一路"建设倡导经济发展与和平安全并重，两者相辅相成，实现发展是维护地区长治久安的"总钥匙"。"一带一路"建设既要共同谋划利益和福祉，努力实现共享机遇、共创繁荣，也要共同化解威胁和挑战，努力做到共担责任、共克时艰，合力打造政治互尊互信、经济互惠互利、文明互学互鉴的和平发展、互利共赢、友好合作。

2

新发展理念：

引领人类命运共同体建设的思想引擎

近年来，"人类命运共同体"渐成中国外交高频词，广为世界瞩目。2011 年 9 月，中国发布《中国的和平发展》白皮书，首度出现"命运共同体"一词。白皮书提出，"国际社会应该超越国际关系中陈旧的零和博弈，超越危险的冷战、热战思维，超越曾经把人类一次次拖入对抗和战乱的老路。要以命运共同体的新视角，以同舟共济、合作共赢的新理念，寻求多元文明交流互鉴的新局面，寻求人类共同利益和共同价值的新内涵，寻求各国合作应对多样化挑战和实现包容性发展的新道路"。①

2012 年 11 月，党的十八大报告明确提出"人类命运共同体"理念，指出："合作共赢，就是要倡导人类命运共同体意识，同舟共济、权责共担，建立更加平等均衡的新型全球发展伙伴关系。"②2015 年 9 月 28 日，习近平主席在第 70 届联合国大会上首次全面系统阐述人类命运共同体理念："当今世界，各国相互依存、休戚与共。我们要继承和弘扬《联合国宪章》的宗旨和原

---

① 国务院新闻办：《中国的和平发展》白皮书，中国网。
② 《命运共同体：对人类未来的理性思考》，新华社，2015 年 5 月 20 日。

则,构建以合作共赢为核心的新型国际关系,打造人类命运共同体。"①2017年1月19日,习近平主席在联合国日内瓦总部发表题为《共同构建人类命运共同体》的演讲时概括了构建人类命运共同体的基本遵循:主权平等、和平和解、法治正义、开放包容、人道主义,倡导建设持久和平、普遍安全、共同繁荣、开放包容和清洁美丽的世界,指出了实现人类命运共同体的总体目标。

---

① 习近平:《携手构建合作共赢新伙伴,同心打造人类命运共同体》,新华网,2015年9月29日。

一、人类命运共同体理念的理论框架

人类命运共同体理念植根于源远流长的中华传统文化。早在 2000 多年前的战国时期，中国思想家荀况已经在《荀子·王制》中阐述了人"力不若牛，行不若马，而牛马为用。何也？曰：人能群，彼不能群"。深刻揭示了人类社会发展需要互相依赖、彼此扶持的特性。国家同任何由人派生出来的所有行为体一样，都具有合群性、共生性属性，其生存、发展具有对他者的相互依赖性。共生关系的相关各方是因各自共生需要而合群的，包容性地让他者拥有更好、更多的发展条件，使他者能获得更多、更佳的自我实现成果，才能满足自己更大、更高的需要，获得更大、更真实的权力和利益。这种取向显示了共生关系的相关各方具有互利互惠、合作共赢性。按互利互惠、合作共赢逻辑可以构建起更稳定、更公平合理、更大利益的源泉。需要在共生性底线上相互尊重、相互扶持，不能相互拆台、相互踩脚，这同样具有互利互惠、合作共赢的逻辑。

人类命运共同体理念来源于对人类社会发展和当代国际秩序的清醒认识。当今世界不再是单极或两极世界，相互依赖性日益增强，正处于一个"你中有我，我中有你""一荣俱荣，一损俱损"的大势之中，国际关系的体系结构性日益增强。在人类命运共同体理念中，所有国家的国内发展和国内政策不仅要对国内社会负责，也要对国际社会负责，促进国内社会的和谐、稳定发展同样是对国际社会的贡献。要推动国际秩序和国际体系朝着公正合理、共生关系底线的方向发展，为所有国家促进国内社会的和谐、稳定发展提供更多、更好的全球性机遇和条件，而不是带来更多的全球性风险和问题。历史已经证明寄生型国际体系已经离开历史舞台，历史也将证明共生型国际体系取代霸权型国际体系具有必然性，这是由共生性全球体系历史发展趋向所决定的。人类命运共同体理念，正是从人类社会实践中总结出来的，体现时代特征、符合人民利益的理念。

人类命运共同体理念既是对世界各国发出的倡议，也是对人类社会的美好希冀。打造人类命运共同体道阻且艰，"命运共同体"的意识无法在短时期内建立起来，应该从长远的视角出发，力求在构建过程中逐步达成共识。国际关系中，共同认知的形成往往来自两条途径：一条途径是对共同利益与共同价值的追求。这种追求，一方面可以让参与国家基于共同利益展开合作，另一方面又能够消除对于制度化合作有损个别国家利益尤其是国家和民族这一象征性价值的抵触心理。另一条途径是对"共同危机"的认知和反应，也就是在共同体建立中对"排他性"的认知，比如就打击恐怖主义、制卖毒品、应对气候变化、环境污染等非传统安全领域开展合作。

二、人类命运共同体的实践路径

（一）新发展理念引领人类命运共同体建设

创新、协调、绿色、开放、共享五大发展理念是中国为破解发展难题、厚植发展优势、激活发展动力而制定的重大发展方略，虽然是针对中国现阶段发展状况提出，但与世界面临的各种问题的应对理念高度契合，对于中国参与全球治理亦提供了指导思想和价值意义。

第一，创新是构建人类命运共同体的第一动力。人类命运共同体理念的提出，必将引发理论、制度、文化、技术等各领域创新，也将是一场终结西方"元叙事"，建立"中国话语权"的变革，通过打破西方价值体系垄断，使不同的制度、文化、文明互鉴共存，推进全球秩序和国际规则的创新发展。

第二，协调就是解决发展不平衡问题，实现辩证发展、系统发展、整体发展。中国是世界上最大的发展中国家，又是第二大经济体，既与新兴市场国家有着相似的改善民生诉求，又面临与发达国家相似的转型升级困境。由此，中国在推动人类命运共同体建设中，既要坚持维护发展中国家的整体利益，努力提升发展中国家在全球经济治理结构中的发言权和话语权，又要积极寻找共性话题，增进与发达国家的协调沟通。

第三，坚持绿色低碳，建设一个清洁美丽的世界。构筑尊崇自然、绿色发展的生态体系。"人类只有一个地球，各国共处一个世界。"建设生态文明关乎人类未来，国际社会应该携手同行，共谋全球生态文明建设之路。各国只有相互尊重、平等相待，才能合作共赢、共同发展。在空间格局、产业结构、生产方式、生活方式以及价值理念、制度体制等方面坚持绿色发展，中国和世界休戚与共，需要携手前行，共迎挑战。

第四，开放是构建人类命运共同体的应然选择。深度融入世界经济，积极参与全球经济治理，推动建设开放型世界经济，实现经济全球化再平衡和世界共同繁荣发展,最终解决发展内外联动问题。为此,党的十八届五中全会提出"坚持开放发展,必须顺应中国经济深度融入世界经济的趋势,奉行互利共赢的开放战略,发展更高层次的开放型经济,积极参与全球经济治理和公共产品供给,提高中国在全球经济治理中的制度性话语权,构建广泛的利益共同体"。

第五,共享是构建人类命运共同体的灵魂。坚持共享发展,就是着力增进世界福祉,增强人民获得感,解决社会公平正义问题,展示出中国"兼善天下"的世界观和促进世界各国共同发展的勇气和决心。

（二）让命运共同体理念在周边国家落地生根

周边是中国安身立命之所、发展繁荣之基。"任何大国崛起,都需要一个可资依赖的周边依托带。"中国快速发展成果首先惠及的是周边国家,构建人类命运共同体事业也应始于周边,让周边国家搭乘中国发展的快车,实现共同发展。中国与周边国家存在大量相似文化、价值和理念,具有构建命运共同体的良好基础。中国要在周边国家"编织更加紧密的共同利益网络","让命运共同体意识在周边国家落地生根","实现多元共生、包容共进"。同时,为降低外部波动给亚洲地区带来的消极影响,亚洲国家必须加强内部整合,促进区域内部沟通协调,提升整体经济发展的质量和全球竞争力。

将中国的政策制定与周边国家进行对接。如将丝绸之路经济带建设与斯里兰卡"马欣达愿景"、土库曼斯坦"强盛幸福时代"、哈萨克斯坦"光明之路"、蒙古"草原之路"对接,将21世纪海上丝绸之路与印尼提出的"海洋强国"和"海上高速公路"对接，通过寻求共识，达成合作，成为周边国家合作与人类命运共同体持续繁荣的新动力。在当前形势下应与周边国家一道，建立反映共同需要和深化区域整合的关键战略，加强顶层设计，寻找新的增长点和培育新的竞争优势。在经济、文化交流、政策对接等不同层面，形成立体多元的支持力量，使命运共同体的建设即使在不利的国际环境下也能保持内在的生命力。

经济上的相互依赖可以作为中国与周边国家"命运共同体"的突破口，亦能在很大程度上牵制中国与周边国家领土权益纷争，给予中国和周边国家谋求共同发展罩上安全网。中国也充分认识到了这点，目前，中国在经济领域充分加强了对周边互通互联的建设推进：致力于将巴基斯坦"打造成为中国同周边国家构建命运共同体的典范"；使越南"不仅仅是山水相连的友好邻邦，更是利益相融、目标相同的命运共同体"；与老挝"携手打造牢不可破的中老命运共同体"；与柬埔寨"继续做高度互信的好朋友、肝胆相照的好伙伴、休戚相关的命运共同体"等，并通过"一带一路"倡议建设中印缅孟经济走廊、中蒙俄经济走廊、中巴经济走廊等。

在与周边国家建立"命运共同体"的过程中，文化相互交融是协调区域各国的基础。近些年中国与周边地区在电影、流行音乐、电视剧等方面的交流深入发展，各国能够通过这些媒介更形象地快速了解一个国家的文化与历史。如何利用更为鲜明并行之有效的文化传播媒介在周边地区实现真正跨越式交融，是媒体人以及学界需要共同思考的问题。

（三）以深化区域合作和大国关系推进人类命运共同体建设

近年来，习近平主席在国事访问中多次强调命运共同体的重要性，如在坦桑尼亚访问时表示"中非人民结下了同呼吸、共命运、心连心的兄弟情谊"[①]，"中非从来都是命运共同体，共同的历史遭遇、共同的发展任务、共同的战略利益把我们紧紧联系在一起"[②]等，还在出访东盟、阿盟和拉丁美洲等时分别提出了中国东盟命运共同体、中阿命运共同体和中拉命运共同体等构想。加强区域合作是新时期中国对外政策的重要组成部分，也是中国自身发展的需要。促进与区域的政策沟通，推进与这些区域的贸易畅通和设施联通，加强贸易投资、通商往来的自由化和便利化建设，增进中国与区域内国家的民心相通。

在世界多极化、经济全球化和国际关系民主化的形势下，各国联系愈加紧密，大国之间具有很多利益共同点和交汇点。在多元共生的国际社会里，处理大国关系，包容共进是最佳选择。中国不与任何大国或国家集团结盟，不以意识形态和社会制度为准绳处理国家关系；提倡国家之间构建对话不对抗、结伴不结盟的伙伴关系；在国际关系上不能只讲本国利益，而要践行正确义利观。大国要尊重彼此核心利益和重大关切，管控矛盾分歧，努力构建不冲突、不对抗、相互尊重、合作共赢的新型关系，要秉持和平、主权、普惠、共治原则，开拓合作新疆域等，这些为处理大国关系，进而构建人类命运共同体提供了指引。

---

① 《图话中非友谊：习主席和非洲国家领导人》，新华网，2015年12月2日。
② 钟声：《中非从来都是命运共同体》，《人民日报》2013年5月27日。

（四）以负责任大国形象推进人类命运共同体建设

一国的国家实力同其国际责任相辅相成。伴随中国国家实力的增强,国际社会对中国的期待越来越高,同时中国的"责任意识"和"责任需求"也不断提升。中国积极参与区域多边合作,提出构建人类命运共同体正是中国为世界提供公共产品,践行国际社会负责任大国的重要表现之一。

在国际体系建设中,中国需要更加清楚自身的角色,不仅是一个参与者,更有必要作为一个组织者与贡献者,积极承担大国责任,加强自身对地区机制的塑造和影响力度,推动构建以合作共赢为核心的新型国际关系和更加公正合理的国际秩序,推动建立一些有针对性的对话与合作机制,提升中国的话语权与发言权。

"各美其美,美人之美,美美与共,天下大同。"习近平主席提出的人类命运共同体理念兼顾现实针对性与长远方向性,指向人类社会发展的根本出路,必将进一步推动国际关系的民主化、法治化和合理化发展。中国将迎难而上、稳中求进,与国际社会一道携手努力,共同打造人类命运共同体,为世界创造更加美好的未来。

3

聚焦新时代：

构建人类命运共同体的广泛共识

当前国际经济金融危机阴霾难散、世界经济仍然处于深度调整，在此背景下，发展问题备受关注。"一带一路"在推动国际发展方面发挥着什么样的作用？作为世界第二大经济体，中国在实现自身经济平稳快速发展的同时，倡导"一带一路"建设，推动沿线国家协同联动共同发展，为世界整体发展发挥积极引领作用，致力于打造"一带一路"利益共同体。

国际形势变、乱和不确定性特点突出，全球治理走到了何去何从的十字路口。如何解读"一带一路"在全球治理方面的作用？"一带一路"不但体现了中国国家治理体系和治理能力的目标和要求，同时也开启了中国引领的全球治理进程。"一带一路"秉持"既让自己过得好，也让别人过得好"的理念，始终从谋求沿线各国互利共赢的根本利益出发，促进世界良治，致力于建设"一带一路"责任共同体。

当前，逆全球化思潮暗流涌动，排外主义、民粹主义抬头，文明冲突论影响再起。"一带一路"沿线国家历史文化、宗教信仰、传统习俗各不相同，如何避免文明冲突，为"一带一路"建设创造良好民意，需重点聚焦。

一、国际发展的新平台

(一)聚焦发展

2008 年国际金融危机是世界发展的一个分水岭,世界发展出现了新的变化。可以说,以前我们认为发达国家已经发展足够好了、发展中国家需要迎头赶上的想法,实际上并非如此。发展是人类社会永恒的主题,只有进行时,没有完成时。无论是发达国家,还是发展中国家,都需要不断发展完善,以满足人们不断增长的对更加美好生活的向往。发展始终是世界运行的硬道理,也是当代面临的最大难题。"一带一路"倡议抓住这个"牛鼻子",聚焦发展,推动政策沟通、设施联通、贸易畅通、资金融通、民心相通,扎实开展经贸合作,扎实搞好基础设施建设,扎实推进产能和装备制造合作,注重从总体上改善国际发展的综合环境,既有助于沿线发达国家走出国际金融危机的阴霾,也助力发展中国家摆脱贫困落后的渴望,是国际发展领域的一个创举。

(二)中国引领

"一带一路"是中国的发展倡议,但发展成果惠及全球。据统计,2017 年,中国与"一带一路"沿线国家贸易总额高达 7.4 万亿元人民币,同比增长 17.8%;我国企业对沿线国家直接投资达144亿美元,在沿线国家新签承包工程合同额1443亿美元,同比增长14.5%。中国企业已经在沿线20多个国家建立了75个经贸合作区,累计投资超过500亿美元,为东道国创造了近20万个就业岗位,这是一张令世界瞩目的成绩单,充分表明"一带一路"提供了一个共同发展的平台,创造了一个共同发展的机遇,让世界共享一个共同发展美好前景的初心,也得到了越来越多国家的认可,彰显了中国的大国担当和东方智慧。

(三)全线受益

发展就要惠及民生,出发点和落脚点是要让沿线老百姓得到实利。在这一点上,"一带一路"正在展现她的魅力。随着"一带一路"一系列重大项目落地开花,一批有影响力的标志性项目逐步实施,沿线人民也在不断品尝早期收获。以中欧班列为例,自2011年开行以来,从月均1列到现在的日均5列,班列累计开行数量已经突破6000列,在将德国啤酒、西班牙火腿、哈萨克斯坦面粉、白俄罗斯鲜奶送到中国消费者手中,同时也将中国物美价廉的服装、玩具、小家电等销往欧洲。再以铁路建设为例,仅仅中土集团一家企业目前累计海外新建铁路已达9200公里,海外新改造铁路5200公里,大大方便了当地老百姓的出行。正是因为聚焦发展,"一带一路"由概念和共识逐渐落实到了老百姓的衣食住行上来。

二、全球治理的新方案

一段时间以来,国际形势变、乱和不确定性特点突出,全球

治理走到了何去何从的十字路口。如何解读"一带一路"在全球治理方面的作用?"一带一路"不但体现了中国国家治理体系和治理能力的目标和要求,同时也开启了中国引领的全球治理进程。"一带一路"秉持"既让自己过得好,也让别人过得好"的理念,始终从谋求沿线各国互利共赢的根本利益出发,促进世界良治,致力于建设"一带一路"责任共同体。

(一)理念开放

"一带一路"不搞封闭小圈子、私家后花园,只要坚持共商、共建、共享原则,拥抱和平合作、开放包容、互学互鉴、互利共赢丝路精神,追求更加美好未来的梦想,国不分大小、贫富、强弱,都可以加入"一带一路"。正是在这样的理念感召下,已有100多个国家和国际组织积极响应支持"一带一路",80个国家和国际组织与中国签署共建合作协议,30多个国家与中国签署产能合作协议。亚投行的成员已经扩大到80多个,远远超过亚洲开发银行。"一带一路"国际合作高峰论坛有29个国家元首和政府首脑出席,来自多个国际组织的代表,140多个国家的官员、学者、企业家、金融机构、媒体等各界人士共1600多人与会。可以说,"一带一路"紧密有力的全球伙伴关系网络正在落地生根,开放包容的全球治理体系正在推进发展。

(二)战略对接

习近平主席指出,世界的命运必须由各国人民共同掌握,世界上的事情只能由各国政府和人民共同商量来办。求和平、谋发展、促合作、要共赢是各国人民的美好梦想,"一带一路"是连接各国人民美好梦想的桥梁。好事更要商量着办。承载"中国梦"的"一带一路"倡议已经与沿线多国发展目标实现对接，如俄罗斯"欧亚经济联盟"、哈萨克斯坦"光明之路"计划、土库曼斯坦"强盛幸福时代"、蒙古"草原之路"计划、巴基斯坦"2025年远景规划"、韩国"欧亚合作倡议"、老挝"变陆锁国为陆联国"战略、印度尼西亚"全球海洋支点"发展规划、非盟"2063年议程"、塞尔维亚"再工业化国家战略"、波兰"可持续发展计划"、澳大利亚"北部大开发"计划、英国"北部振兴"等，这些对接以互商互谅为基础，蕴含着共同的理念追求，让国家间联系更加通畅，进而实现优势互补、互惠互利。

（三）目标共赢

"一带一路"的利益不是部分国家的独享品，而应由世界各国利益均沾；"一带一路"的推进也不是一些国家的独角戏，而是世界各国的大合唱。"世界好，中国才能好；中国好，世界才更好。""一带一路"倡议和构建人类命运共同体理念与《联合国宪章》的宗旨和原则一脉相承，与联合国2030年可持续发展议程的目标和精神高度一致，多次写入联合国各类决议，获得会员国广泛认可，为全球治理注入了新动能。正如联合国副秘书长吴红波所说，"中国通过'一带一路'这一公共产品参与全球治理、引领世界发展，得到国际社会的尊重和期待"。中国通过促进全球治理，为世界提供参与式、包容式、共赢式的方案，同心打造责任共同体。

三、文明互鉴的新模式

当前,逆全球化思潮暗流涌动,排外主义、民粹主义抬头,文明冲突论影响再起。"一带一路"沿线国家历史文化、宗教信仰、传统习俗各不相同,如何避免文明冲突,为"一带一路"建设创造良好的民意基础?

丝绸之路是沿线各国共同的情感标识和集体记忆。"一带一路"要做民心相通的黏合剂、人文交流的催化剂,避免文化冲突,实行跨文化合作,推动沿线古老文明群体性复兴,致力于成就人类命运共同体。

(一)坚定文化自信

习近平主席表示,一项没有文化支撑的事业难以持久。"一带一路"走稳走好需要强化人文引航的作用。如果说,19世纪世界比拼的是经济、20世纪比拼的是军事,那么21世纪比拼的则是文化。军事使一国强大、经济使一国壮大、文化则使一国伟大。"一带一路"从历史深处走来,自带中华文明基因。中国作为"一带一路"的首倡者,更要坚定丝路文化自信,唱响中华"和"文化;"一带一路"作为当代世界最受欢迎的公共产品,更要关注人文交流和民心相通,做跨文化交流的典范。在这方面,智库可以发挥积极作用。

(二)践行文明互鉴

"一带一路"不仅要为世界提供经济发展与合作的机会,也要为世界不同文化交流提供平台,让沿线各国在互利合作中共赢,在交流互鉴中提升。文明互鉴有助于打破思想隔阂,提高文化包容,接纳他者"异己性",加深人际、族际、教际沟通,建立国家、地域间互信和理解,助力维护世界和平、促进共同发展。我们要借助丝路历史文化资源丰富的有利条件,加强与沿线各国文化交流沟通,不断厚植"一带一路"建设的民心根基。

（三）做实人文交流

中国制定《"一带一路"文化发展行动计划(2016—2020年)》,与沿线国家签订 318 个政府间文化交流合作协定、执行计划及互设文化中心协定。134 所孔子学院、130 个孔子课堂沿线分布,"丝绸之路影视桥工程""丝绸书香工程"等文化项目扎实推进,夫人外交、旅游外交、智库外交、卫生外交、友城外交、美食外交等蓬勃开展,政府、企业、媒体、学者、民间组织等主体作用突显,已经形成了层次不断提高、规模不断扩大、领域渐次拓展、机制日臻完善的"一带一路"人文交流局面。文化与经济交相辉映,物质与精神互为融合,"一带一路"人文交流正在推动不同文明交流互鉴、和谐共生,让人类文明的光芒熠熠生辉。

总而言之,中国打造政治互信、经济融合、文化包容的利益共同体、责任共同体、命运共同体的努力将带来更大范围、更高水平、更深层次的大开放、大交流、大融合,互尊互信、合作共赢、文明互鉴的"一带一路"明天会更加美好,共商、共建、共享的人类命运共同体未来会更加灿烂。

4

坚定自信：

实践人类命运共同体的思想支撑

　　人类命运共同体理念和"一带一路"倡议作为中国特色大国外交着力引领塑造的公共产品，两者各有侧重。人类命运共同体具有前瞻性、整体性和统领性，是"一带一路"倡议的理论支撑、价值遵循和思想导航。"一带一路"则为构建人类命运共同体提供落地平台、推进动力和支撑机制，是构建人类命运共同体的新支点、新途径和新示范。两者相辅相成，呈现理论与实践、目标与路径、价值理性与工具理性的同生共构、辩证统一关系。

　　新形势下，以"一带一路"为抓手构建人类命运共同体，具有彰显中国道路自信、理论自信、制度自信、文化自信的重大意义。建议打造行动共同体、建设联动共同体、做强发展共同体、培育情感共同体，形成利益共创、责任共担、情感共鸣的人类命运共同体。

一、以"一带一路"为抓手构建
人类命运共同体意义重大

习近平主席在 2015 年第 70 届联合国大会一般性辩论和 2017 年年初联合国日内瓦总部专场演讲等多个重大外交行动中，着眼人类命运走向和世界文明发展，深入阐述了构建人类命运共同体理念，提出建设持久和平、普遍安全、共同繁荣、开放包容、清洁美丽"五个世界"的远景目标，为人类社会发展进步贡献中国方案。

"一带一路"是党中央统筹国内国际两个大局，统筹发展安全两件大事，推动构建以合作共赢为核心的新型国际关系和人类命运共同体而作出的战略倡议，是中国经济外交的顶层设计，完善全球治理体系的主动作为，推动经济全球化发展的重大举措，日益成为当今世界规模最大的包容性合作平台和覆盖面最广的经济发展带。

人类命运共同体理念和"一带一路"倡议作为中国特色大国外交着力引领塑造的公共产品，各有侧重，前者属于思想、理念型，后者偏重实践、机制型。作为一种理念，构建人类命运共同体具有前瞻性、整体性和统领性，发挥管方向、管全局、管长远的指引作用，是"一带一路"倡议的理论支撑、价值遵循和思想导航。作为一种实践，"一带一路"则为构建人类命运共同体提供落地平台、推进动力和支撑机制，是构建人类命运共同体的新支点、新途径和新示范。两者相辅相成，呈现理论与实践、目标与路径、价值理性与工具理性的同生共构、辩证统一关系。新形势下，以"一带一路"为抓手构建人类命运共同体，具有重大意义。

（一）聚焦发展，彰显中国道路自信

中国是世界上最大的发展中国家，将发展作为解决一切问题的总钥匙，通过发展成为世界第二大经济体，走出了一条适合自身国情的发展道路，创造了人类社会减贫和发展奇迹。人类命运共同体和"一带一路"倡议将中国发展与世界发展联系起来，针对当前经济全球化动力不足、南北发展失衡等问题，聚焦发展这个最大公约数，唱响发展这个最大的担当，推动共同发展、和平发展、包容发展、联动发展，追求共享发展、共享尊严、共享安全、共享未来，引领广大发展中国家在摆脱贫困、实现工业化、改善基础设施、参与全球价值链塑造中寻找适合自身国情的发展理念、模式和道路，拓展发展中国家走向现代化的途径。

中国的发展理念与联合国 2030 年可持续发展议程精神契合、方向一致，人类命运共同体和"一带一路"分别被联合国大会、安理会、人权理事会、社发会等写入决议。中国相继设立中国—联合国和平与发展基金、南南合作援助基金等，成立南南合作与发展学院、国际发展知识中心等平台，帮助发展中国家落实发展议程，被联合国秘书长誉为"促进南南合作的真正领导者"。在发展这面旗帜下，目前全球已有 100 多个国家和国际组织积极响应和参与"一带一路"，形成合力推动"一带一路"

之势。

（二）完善治理，彰显中国理论自信

近代以来，中国经过艰苦求索，实现了由乱世到治世再到善治的巨大跨越，形成了人民为本、发展为要、制约权力、保障权利、法德共治、包容共进等为主体要素的国家治理观，国家治理现代化、民主化、制度化、法治化、科学化、精细化水平不断提高。治理是人类社会普遍面临的重大课题。当前新兴市场国家和发展中国家对全球经济增长的贡献达到80%，但全球治理体系僵化滞后，未能反映世界形势新变化，其代表性、包容性和实效性远远不足。人类命运共同体理念秉持"世界好，中国才能好；中国好，世界才更好"，把握全球治理体系演变逻辑，呼应发展中国家变革全球治理体系合理关切，将中国改革开放与全球治理紧密结合，提出共商、共建、共享的全球治理观，主要包括：维护以联合国宪章为基础的世界秩序观，关注发展中国家利益的国际责任观，创新、协调、绿色、开放、共享的可持续发展观，开放、包容、普惠、平衡、共赢的经济全球化观，共同、综合、合作、可持续的总体安全观，和平、发展、公平、正义、民主、自由的人类共同价值观，义利相兼、以义为先的正确义利观等，引导中国占据国际道义、时代潮流和历史发展的制高点，为人类对更好社会制度的探索贡献"兼世以达"的中国智慧。

"一带一路"坚持人类命运共同体治理观，坚持弘扬丝绸之路精神，推动国际秩序和全球治理体系朝着更加公正合理的方向发展。"一带一路"实现"三个超越"：超越政治、军事联盟的地缘政治工具，成就务实合作的平台；超越以意识形态划线的援

外计划，成就联动发展的倡议；超越谋求赢者通吃、破坏稳定的小集团，成就"众人拾柴火焰高"的朋友圈。"一带一路"明确宣示五个"不会"：不会国强必霸、殖民扩张，不会干涉内政、掠夺资源，不会输出制度、强加模式，不会另起炉灶、填补真空，不搞势力范围、附加政治条件。"一带一路"践行"三个摒弃"：摒弃"全球化就是西方化""现代化就是美国化"的思维窠臼，摒弃实力至上、实利第一的西方传统国际关系理论，摒弃大国争斗、结盟对抗的干涉主义行径。

（三）推进创新，彰显中国制度自信

创新是引领发展的首要动力。作为后发追赶型国家，中国将创新摆在国家发展全局的核心位置，全面实施创新驱动战略，抓住第四次工业革命时机，推进技术创新、制度创新、管理创新、商业模式创新等，发展数字经济、智能经济、共享经济、信用经济、绿色经济等新业态，通过放管服改革打破制约创新的体制机制障碍，营造布局合理、定位明晰、管理科学、运行有效的创新体系。截至 2017 年，中国科技进步贡献率超过 58%，分享经济交易总额达到 3.45 万亿元，比 2015 年增长 103%。在世界知识产权组织《2017 年全球创新指数》名单中，中国排名第 22 位，其中知识型工人、知识影响力、创意产品出口占比等多项指标均居全球之首，成功跻身全球创新领军者行列，创新能力连续多年高居中等收入经济体之首。

中国引领"一带一路"创新体系建设。中国网络电商、移动支付、共享单车、高速铁路、北斗导航、无人机等创新产品和服务相继跨出国门，为"一带一路"沿线国家经济社会发展注入新活力。中国发起成立亚投行、丝路基金等创新融资机制,推动"一带一路"可持续发展。中国致力于建设"一带一路"新型区域合作模式,通过双边、三方、区域和多边合作降低制度交易成本,促进生产要素有序流动、资源高效配置和市场深度融合。中国"一带一路"引领新型经济全球化,推动构建公正、合理、透明的国际经贸投资体系,打造开放型世界经济体系,为世界经济复苏添加新动能。

(四)文明互鉴,彰显中国文化自信

文化是民族的血脉,是人民的精神家园,是一国核心竞争力的重要组成部分,中华民族伟大复兴实质上是中华文化复兴。文化也是"一带一路"民心相通、构建人类命运体的情感纽带。"一带一路"不仅促进了商品、技术、资金、人员相互流动,文化、思想、理念、精神也应相互感知。近年,《习近平谈治国理政》一书全球发行近2000万册,莫言、曹文轩、刘慈欣相继收获国际文学大奖,中国网络文学走红海外,《媳妇的美好时代》等电视剧在非洲热播,中国与"一带一路"沿线国家全部签订政府间文化交流合作协定,在51个沿线国家设立孔子学院或课堂,每年向相关国家提供1万个政府奖学金名额,近一半在华留学生来自沿线国家,与希腊共同发起"文明古国论坛"等,充分表明中华文化的国际影响力和感召力稳步提升,中国正在由世界经济车间转型升级为全球知识工厂。

人类命运共同体理念和"一带一路"倡议鲜明的文化内涵,深刻体现了中华优秀传统文化天人合一的宇宙观、协和万邦的国际观、和而不同的社会观,通过践行文化自信、自强和自觉,推动不同社会制度互容、不同发展模式互学、不同文明互鉴，倡导建立相互欣赏、相互理解、相互尊重的人文格局，努力以文明交流超越文明隔阂、以文明互鉴超越文明冲突、以文明共存超越文明优越，把各国国情差异性和文明多样性转化成为促进互补发展的源头活水，为构建人类命运共同体贡献中华文化思想。

二、建设利益共创、责任共担、情感共鸣的人类命运共同体

作为沿线国家共建人类命运共同体的一项跨世纪工程，推动"一带一路"建设可以从思路上将两者作为不可分割的整体，一体谋划部署、一体贯彻推进。方式上坚持共商、共建、共享的全球治理观，以平等互尊、包容自愿、互利共赢、因地制宜的方式稳步实施。目标上，力求将中国理念上升为国际共识，把中国方案转化为全球行动，建设利益共创、责任共担、情感共鸣的人类命运共同体。具体操作上：

（一）打造行动共同体

"一带一路"命运共同体建设贵在知行合一，重在落实。建议当前抓紧做好"一带一路"高峰论坛成果后续工作，通过设立论坛联络机制、咨询委员会等，推动"一带一路"合作机制化和实心化。按照论坛联合公报规划的具体路线图，继续加强政策规划对接，加大经贸投资合作，加快金融创新建设，推进相关基础设施、工业园区、产能合作等项目落地生根，通过深化务实合作，促进共赢发展，力争取得更多早期收获，为长远发展奠定

基础。

（二）建设联动共同体

"一带一路"命运共同体建设是多主体共同参与的进程。要加大与域内外、周边等国家沟通协商，加强在地缘、传统及非传统安全等领域合作，合力化解大国博弈、地区冲突、政局动荡等挑战，为"一带一路"建设营造安定环境。加强同联合国机构、亚太经合、亚欧会议、上合组织、金砖、亚信、二十国集团等合作，借台唱戏，扩大影响。加大与世界银行、国际货币基金组织、亚洲开发银行、欧洲复兴开发银行等国际金融机构以及亚投行、丝路基金、中国—中东欧金融控股公司、金砖国家新开发银行等新型融资机构合作，探索利用中国—联合国和平与发展基金、南南合作援助基金、气候变化南南合作基金等，拓展"一带一路"可持续融资发展。

（三）做强发展共同体

发挥中国作为世界第二大经济体、第二大对外投资国、制造业第一大国等优势和辐射效应，构建"一带一路"全球发展伙伴关系网络。

聚焦重点国家和地区，以循序渐进方式，通过双边、周边、次区域、区域、跨洲和全球等形式推动构建"一带一路"命运共同体，如在建设我国与老挝、柬埔寨双边命运共同体基础上，深化澜湄共同体建设，利用澜湄共同体"小而精"且有关国家与中国双边关系总体良好、我国与该地区较早开展区域合作的有利条件，打造亚洲、亚太乃至人类命运共同体的示范区。

聚焦重点主题和领域,针对国际社会普遍关注的医疗卫生、生态保护等全球性议题,加大投入,率先打造"一带一路"绿色、健康等命运共同体。针对当前主要各方对网络、外空、深海、极地等新疆域的争夺,为展示我国引领作用并结合中国实际,探索建设"一带一路"网络、外空等命运共同体。

(四)培育情感共同体

民心相通是"一带一路"命运共同体行稳致远的基础。建议发挥人文交流作用,建设丝路沿线民间组织合作网络,建立新闻合作、音乐教育等联盟,鼓励不同文明对话交流,促进世界文化自然遗产和旅游业发展,举办文明互鉴主题论坛,通过深化各领域人文合作凝聚共识和情感。

发挥"一带一路"智库"出思想"的作用,根据实践变化发展,不断研究解决重大问题,加强与相关国家智库信息交流、知识分享、合作研究和能力建设,通过建设智力丝绸之路为"一带一路"人类命运共同体学术交流、理论创新、政策预研、权威宣介等建言献策。

发挥媒体在传播丝路精神和人类命运共同体理念方面的作用,加大对外话语体系建设,重在说明"一带一路"命运共同体并非否定不同国家利益、不同族群信仰、不同社会差别、不同历史传统,而是旨在求取最大公约数,超越分歧,搁置差异,激发各方在共识中共建、在共建中共赢的自动力。

5

语言战略：

"一带一路"深远意义的规划

"一带一路"沿线是全球语言多样性最为丰富、文化差异性最为突出的地区。做好"一带一路"语言战略规划，平衡沿线国家多元语言利益诉求，实现沿线国家语言互联互通，是"一带一路"建设必须直面的挑战，也是推动"一带一路"稳健前行的重要保障。为此要着重稳妥处理语言与文化、语言与安全、语言与话语权、语言与大数据等几组重要关系。

将"一带一路"语言战略作为一项系统工程、跨国工程、先导工程、民心工程、前沿工程和中国工程，强化顶层设计，加强国际合作，坚持目标导向，维护语言安全，积极发挥大数据作用，努力传播中华语言文化，最终实现以语言相通促进"一带一路"互联互通的战略目标。

一、“一带一路”语言战略是中国特色大国外交理论体系的重要组成部分

　　“一带一路”是中国特色大国外交的一面旗帜。党的十九大报告指出,中国积极促进“一带一路”国际合作,努力实现政策沟通、设施联通、贸易畅通、资金融通、民心相通,打造国际合作新平台,增添共同发展新动力。实现“五通”首先需要语言相通。“一带一路”沿线65个国家中有53种官方语言,是全球语言多样性最为丰富、文化差异性最为突出的地区。语言作为“一带一路”经贸投资合作、文明交流互鉴的重要桥梁和纽带,对于推进中国国际传播能力建设,提高国家文化软实力,抓抢国际话语权发挥着重要作用。放眼世界,语言战略规划与大国崛起密不可分,当今世界主要国家均对本国语言战略予以高度关注和投入。美国作为超级大国的两大核心要素:一是美元国际化,美元作为世界性交易、储备货币,形成“美元霸权”;二是英语作为“世界语言”进入各国教育体系,影响各国语言、文化发展,形成“语言霸权”。“9·11”事件后,美国陆续出台《国家外语能力行动倡议》《国防语言转型路线图》《语言与区域知识发展计划》《国家安全语言计划》《国防部语言技能、区域知识和文化能力的战略规划(2011—2016)》等多项语言政策规划和举措。俄罗斯国防部则负责确定国防领域关键外语语种,在高校

储备的外语资源多达 145 种,涉及 9 大语系,语种覆盖世界多国和地区。法语全球推广为法国文化发挥超出其国力的影响立下汗马功劳,英国出台"国家语言战略"则为维持昔日的"日不落帝国"提供助力。当前中国"一带一路"建设正通过"亚投行""丝路基金"等推进人民币国际化、基础设施互联互通等,并取得了可喜进展,但是"一带一路"语言国际化战略目标尚未明确,中文国际化政策尚待清晰,急需从推进中国特色大国外交的战略高度制定"一带一路"语言战略规划和行动方案。

二、"一带一路"建设进一步催生语言需求,语言推动中华文化"走出去"的作用与日俱增

新时代中国特色社会主义思想和基本方略,将随着"一带一路"建设持续稳步推进,促进语言在"一带一路"建设中的作用和影响呈现不断上升,由"一带一路"倡议催生的语言需求也日益增长。

国内方面,服务"一带一路"建设已经成为中国语言文化工作的重要面向。

一是在教育领域,2017 年以来教育部已与 14 个省、自治区、直辖市签约《推进共建"一带一路"教育行动》,基本覆盖"一带一路"主要节点省份,形成省部联合推进"一带一路"教育行动国际合作网络。目前,"一带一路"相关国家在华留学生高达 20 万人。①

---

① 罗旭:《莫让小语种人才稀缺影响"一带一路"脚步》,《光明日报》2017 年 8 月 3 日。

二是在外语服务方面，截至 2016 年中国高校共开设了 72 个外语专业，覆盖了欧盟国家 24 种官方语言和东盟 10 国官方语言。全国各主要外语类高校已经或正在计划普遍增设“一带一路”语种，北京外国语大学计划 2020 年开设 100 个语种，覆盖所有与中国建交国家的母语和官方语言。

三是在社会语言方面，从事语言服务或相关服务的企业达到 7.25 万家，行业年产值超过 2800 亿元人民币。

总体看，中国“一带一路”外语语种数量不断增加，语种结构持续向好，语言服务稳步提升，语言教育发展迅速。对外方面，“一带一路”沿线国家汉语热不断升温。

一是学习汉语人数大幅上升。根据俄罗斯语言学地区研究中心雅罗斯拉夫尔国立师范大学发布的《汉字文化：汉语在俄罗斯的传播趋势》调查报告，学习汉语的俄罗斯人由 1997 年的约 5000 人增加至 2017 年的 5.6 万人；1997 年俄罗斯开设汉语课的大学有 18 所，2017 年已达 179 所。据中国教育部统计，东盟国家来华留学生从 2010 年的约 5 万人，增加至 2016 年的 8 万多人。据中国驻法国使馆教育处介绍，目前法国有 10 万人在学习汉语。据悉尼科技大学澳中关系研究所调查报告显示，自 2008 年以来，学习中文的澳大利亚中小学生人数翻了一番，达到约 17.3 万人，占入学总人数的 4.7%。据美国国际教育委员会发布的报告，美国学习中文的中小学学生人数现已达到 22.71 万人。

二是汉语“走出去”步伐持续加快。据统计，中国目前已经在“一带一路”沿线 51 个国家建立 134 所孔子学院和 130 个中小学孔子课堂，2016 年注册学员达到 46 万人，开展各类文化活动近 8000 场,受众高达 270 万人。据国家新闻出版广电总局统计,自 2014 年以来,中国与"一带一路"参与国版权贸易量年均增幅达到 20%,占中国版权贸易总量比重由 2014 年的 5% 提高到 2016 年的 15%,2016 年中国与沿线各国版权贸易总量近 5000 种,比 2014 年增加 2300 种。此外,目前中国已与包括"一带一路"沿线国家在内的 50 多个国家签订了相互翻译对方文学经典作品的协定。

三是境外办学从无到有。截至 2016 年,中国高校已在境外举办了 4 个机构和 98 个办学项目,分布在 14 个国家和地区,大部分在"一带一路"沿线地区。截至 2017 年 4 月,教育部已与 24 个"一带一路"沿线国家签订了学历学位互认协议,强化了中国与沿线国家教育互联互通。

四是中国治国理念获得国际广泛认可。截至目前,《习近平谈治国理政》已翻译成 20 多个语种和版本,在包括"一带一路"在内的世界 160 多个国家和地区发行近 2000 万册。中国思想主张、政策举措正在以国外受众听得懂、看得进的方式走向世界。

同时也要看到,与迅速发展的形势相比,中国在"一带一路"语种结构、人才培养、产业发展、传播路径、平台服务等方面全局性指导意见相对较少;在与沿线国家交往中,从维护国家安全角度看待语言问题的意识有待加强,提前主动有针对性地语言介入还可进一步加大投入;在汉语对外传播中强化中华文化"走出去"意识有待加强,推动将汉语纳入沿线国家外语教育、教学体系尚有较大潜力可挖;汉语在国际组织中的使用率和互联网文本覆盖率等方面还有较大提升空间。此外,语言"引进来"较多,"走出去"不足;外语教学"重语言、轻文化""重数量、轻质量""重发达国家、轻发展中国家""重周边国家、轻沿线国家"以及"语言工具论"、小语种人才不足等问题不同程度存在。在从外语大国向外语强国迈进的征程上,中国还有不少工作要做。

比如,目前汉语在不少沿线国家的教育体系中尚未成为第一外语,有些国家甚至还未开展汉语教学。以美国为例,该国华尔街网站 2017 年 7 月发布的调查结果显示,在美国居民最经常使用的外语中,中文位列西班牙语之后,排名第二。再如,在中国提出"一带一路"的 2013 年,中国高校外语专业招生语种只覆盖沿线 53 种官方语言的 20 种,其中 11 个小语种在读人数不足 100 人,8 个语种人数在 50 人以内;2016 年中国仅公派 1063 人出国学习培训 42 个非通用语种,平均每个语种不足 30 人。国家语言文字工作委员会原副主任李宇明曾说:"我们在'一带一路'上行走,行囊里边最缺乏的东西之一就是语言人才。"

三、站在新的历史方位上,发挥"一带一路"语言战略作用,以语言相通获取沿线国家理解和认同十分必要和紧迫

从国内看,随着中国日益走近世界舞台中心,推动汉语国际传播和中华文化"走出去",既顺应国际社会希望更加全面深入了解中国发展道路、制度、理念、模式的愿望,增加中华文化亲近感和吸引力,也是维护全球化时代语言和文化多样性,以更加开放的胸襟面对他者文化,积极吸收人类文明优秀成果为我所用,

展示我国负责任大国形象的客观要求。因此，要在充分把握汉语对外传播、文化对外交往规律并加强国际传播能力、对外话语体系建设的前提下，深入挖掘"一带一路"沿线各国语言文化资源，在讲好中国故事的同时，也讲好沿线国家和地区共同发展的故事，在语言互联互通中实现文明传承和心灵沟通，形成多语言共声，多文化交响局面，充分发挥并彰显"一带一路"语言战略规划在推动人类命运共同体建设中的重要维度和作用。[①]

从国际看，语言已经突破交际工具的传统角色定位，成为现代国家治理和国际竞争的重要抓手。一国综合实力一定程度上也体现在该国获取、储备、保护和利用语言的能力之上，而语言人才、技术、发展和规划的竞争一定程度上也彰显着一国的总体竞争力。在经济全球化、社会信息化深入发展，全球治理、大国竞争日趋激烈的大背景下，提升语言能力已经成为各国降低交易成本、促进经济发展，夯实话语能力、提升国际影响，推进跨文化交流、维护国家文化安全的重要手段。已故南非前总统曼德拉曾说，以通用之语沟通，可入脑海；以乡音之语交流，直入心田。"一带一路"本质在于互联互通，而语言互通是其前提和基础。多用沿线国家听得懂、听得进的语言发声，力争使其理解"一带一路"共商、共建、共享的建设原则和和平合作、开放包容、互学互鉴、互利共赢的丝绸之路精神，减少对中国外交战略的疑虑和误解，使"一带一路"朋友圈越来越大，直接影响"一带一路"建设能否走远、走稳、走顺。[②]

---

① 梁昊光：《人类命运共同体的实践路径》，《人民论坛》2017 年 10 月上期。

② 梁昊光：《"一带一路"如何走得通、走得远、走得久》，《学术前沿》2017 年第 4 期。

四、"一带一路"语言战略涉及文化、安全、话语权、大数据等诸多领域，应着重处理好融合发展

（一）语言与文化的融合

语言与文化相伴而行，语言是文化的重要依托，文化则是语言的直观外化。每一种语言都建构出一个独特的文化地标和价值取向，不同的语言背后则蕴含着不同的民风社俗，成为维系该语言使用者的精神纽带和心灵家园。建设"一带一路"不仅要懂得沿线国家的语言，更要了解语言背后隐藏的风俗习惯、历史传统、社会心理、文化意识、宗教信仰和民族关系等，还要在了解文化的基础上把握其思想观念和价值内核，实现从语言到文化，从文字到思想，从概念到情感的路径演进，实现"一带一路"深层次民心相通。

保持高度的语言敏感性是"一带一路"语言战略和建设发展的内在要求。在与沿线国家政策对接、项目合作、日常沟通时，要妥为应对多元文明、文化差异所暗含的潜在风险，通过有效的语言沟通和适度的文化敏感性化解分歧、管控冲突，让语言做沟通的润滑剂而不是冲突的催化剂，避免因顾及不周或处置不当造成对当代丝绸之路精神的误读①，甚至出现影响中国与有关国家和地区关系发展的情况。

探索将语言资源转换为文化资源和资本的可能性和可行

---

① 孙吉胜：《国家外语能力建设与"一带一路"的民心相通》，《公共外交季刊》2016年第3期秋季号。

性。在平等互尊、互利共赢的前提下,利用沿线国家语言文化资源开发旅游产品,打造具有鲜明特色的语言、文字和文化经济形态,既发展语言经济,也保护语言文字,实现语言文化、旅游经济双赢的效果,通过语言产业进一步拉紧与沿线国家的经济利益纽带。

(二)语言与安全的融合

语言事关国家安全,其对国家稳定的影响具有隐蔽性、长期性、复杂性和战略意义。随着"一带一路"建设进入全面推进务实合作的新阶段,以及中国企业大规模"走出去"步伐加快,多元文化碰撞可能加剧,语言安全呈现复杂严峻态势。在防范、规避、预警及保障"一带一路"安全,在消除和化解非传统安全威胁和风险过程中,语言的战略价值无可替代①,已经成为推进"一带一路"建设、维护国家安全和发展利益必须重视和积极利用的抓手。

互利共赢是"一带一路"建设的核心理念,体现在语言战略上就是构建平等互尊的话语体系,既不单向、强势输出汉语和中华文化,避免外界质疑和猜忌中国发展意图,制造"语言侵略论";也不反向、被动接受他国语言和文化,避免形成新的"文化殖民说"。既要树立道路自信、理论自信、制度自信和文化自信,在促进沿线各国共赢发展的同时,顺其自然推进汉语传播和中华文化"走出去";也要秉持海纳百川、有容乃大的精神,主动了解沿线各国语言文化及其背后的风俗习惯,积极吸收精华成

---

① 沈骑:《"一带一路"倡议下国家外语能力建设的战略转型》,《云南师范大学学报》(哲学社会科学版)2015 年第 5 期。

果,在发展中维护普遍安全,在安全中促进共同发展。

中国跨境语言众多,在语言身份认同、文字体系创制、语言使用活力等方面呈现"外高内低"的态势①,语言与周边外交、民族宗教问题、国际关系错综交织,形势复杂。"一带一路"势必进一步加大中国对外开放广度、深度、力度,开展跨境经贸、文化活动的同时,也要防止语言文化"倒灌"现象,防范境外势力利用少数民族语言对中国渗透滋事,维护边境稳定和发展。

(三)语言与话语权的融合

法国哲学家米歇尔·福柯曾说:"话语是权力,人通过话语赋予自己权力。"语言能力是一国话语实力的最直接体现,是软权力的重要组成部分,也是国家重要的核心竞争力,服务于并在一定程度上制约国家整体发展利益的实现。近年来,随着中国经济社会平稳发展、国际地位不断提升和对全球经济增长的贡献保持高位,国际社会对中国持续关注力度加大。但中国发展实力还没有转化为话语优势,在世界上的形象很大程度上仍是"他塑",而非"自塑",在国际上还处于"有理说不出,说了传不开,传开叫不响"的境地,形形色色的"中国威胁论""中国责任论"还层出不穷。中国在世界上的话语权与我国整体实力并不匹配。西方凭借经济、军事、金融和媒体实力,仍然牢牢把控着国际话语权、规则制定权和议程设置权。

"一带一路"不仅需要通过语言去传递信息,还需要运用语言去影响和建构人们的思想、观念,塑造对中国的理性、良性认

---

① 张日培:《服务于"一带一路"的语言规划构想》,《云南师范大学学报》(哲学社会科学版)2015 年第 4 期。

知,减少对中国的误读、误解,促进民心相通和人文交流。① 坚持问题导向,着力化解西方话语垄断,在解码中国道路、阐述中国方案、讲好中国故事中提升中国形象和话语,形成与大国地位相称的话语权,提高中国话语体系在"一带一路"建设中的国际影响力,是"一带一路"语言战略必须承担的责任。

(四)语言与大数据的融合

当前,人类社会正大步迈向以大数据为新动力的智能时代。② 以互联网、云计算、区块链、深度学习、人工智能为标志的大数据技术为"一带一路"语言战略规划、语言资源利用开辟了全新路径。

一是提供新技术。数字信息技术迅猛发展带动语音识别、图形图像、虚拟(增强)现实、人脸识别等语言信息技术加快演变,语言技术数字化转型来临。通过大数据提取、储存、挖掘、处理技术,可以有效提高语言信息检索、提炼、过滤以及文本数据挖掘、语种自动辨识、跨语言检索等语言服务功能,促进语言云资源的整合、处理、开发和利用效率③,为"一带一路"语言共享和应用提供全新的技术支持。

二是搭建新平台。大数据利用信息技术研究语言发展规律,从大规模文本语料库中获取语言知识,为语言研究和服务提供

---

① 孙吉胜:《国家外语能力建设与"一带一路"的民心相通》,《公共外交季刊》2016年第3期秋季号。
② 张耀军、宋佳芸:《数字"一带一路"的挑战与应对》,《深圳大学学报》(人文社会科学版)2017年第5期。
③ 赵世举、黄南津主编:《语言服务与"一带一路"》,社会科学文献出版社2006年版,第49页。

"云端""场域",如语言云平台、智能平台、在线翻译等语言服务平台,有利于语言人才、资金、数据资源整合,为"一带一路"语言需求者、服务提供者、技术供应商提供复杂语言环境下的跨语言沟通、智能学习协作多维平台,实现大数据条件下的语言服务功能提升。

三是创造新服务。大数据为"一带一路"语言建设提供新型服务,如推动语言云服务平台、数据库建设,开发翻译服务客户端等语言智能产品,建设"互联网+语言服务"、移动语言服务等新模式,为跨语言交流提供机器翻译、自动问答等语言服务,实现语言实时监测等,通过提高语言信息处理智能化、网络化程度,为"一带一路"克服语言障碍、开展语言服务、拓展语言经济打下坚实基础。此外,大数据还提供了新方法和新思路,如将声音语言转化为结构化数据,进而通过提取、分析这种结构化数据提供更加智能的语言应用服务。

五、加强"一带一路"语言战略规划的政策实施,深刻认识面临的困难与挑战,把十九大确定的文化强国、文化软实力总体方案落到实处,彰显语言战略"中国工程"的独特引领作用

(一)作为一项系统工程,"一带一路"语言战略需要强化顶层设计

根源上讲,国强语盛[①],国衰言微。语言的终极价值与使用

---

① 余江英:《东道国语言选择对 FDI 流入影响的实证研究》,《长江大学学报》(社科版)2016 年第 8 期。

该语言更容易获得经济收益最为直接相关,影响语言传播和竞争的因素归根结底还是使用这种语言的国家或地区的综合实力,特别是经济、科技、文化、金融等方面。中国作为世界第二大经济体赋予汉语更强有力、更可持续的经济价值,"一带一路"建设的深入推进将直接带动汉语语言需求升温。因此,稳步发展经济、持续提升综合国力仍是中国推进"一带一路"建设、运筹"一带一路"语言战略的根本所在。

战略上看,要把语言互联互通提升到关系国家整体发展和"一带一路"战略全局的高度加以重视,树立"大语言观""大外语观""大文化观",以打造语言强国为目标,以服务"一带一路"建设为指引,按照《国家语言文化事业"十三五"发展规划》要求,在摸清底数的基础上加强语言建设和发展战略,解决定位、布局等问题。有关规划要统筹兼顾现实与长远、个体与整体、经济与安全、"走出去"与"请进来"等关系,体现时代性、把握规律性、富于创造性。

具体操作中,要把握优先次序,区别轻重缓急,对"一带一路"官方语言、通用语言、关键语言、强势语言、跨境语言、少数(民族)语言、外国语言、宗教语言等分类规划、分别施策,研究制定"一带一路"国别和区域语言服务平台、数据库等,有计划、分步骤地建立"一带一路"语言交流机制,并积极与"一带一路"重大项目结合,实现同步规划、同步实施。

理论研究上,当前西域学、敦煌学等丝路研究学术话语权还掌握在部分发达国家手中,囿于语言限制,中国对沿线区域和国别研究、学术话语体系的把握尚待深入。中国语言学应尽快建立起价值、概念、命题和证据等要素完整的学术理论体系,形成具有中国特色的中国语言学和话语策略,为"一带一路"语言战略夯实理论基础,推动汉学和中华文化更好走向世界。

(二)作为一项跨国工程,"一带一路"语言战略需要加强国际合作

教育优先。教育是"一带一路"建设的人才源泉,在"一带一路"语言战略中具有基础性、先导性、引领性地位。依据《推进共建"一带一路"教育行动》精神,充分发挥"丝绸之路大学联盟"①、"全球外国语大学联盟"②等教育合作平台作用,加强沿线国家知名高校在校际交流、远程教育、合作办学、人才培养、科研合作、人文沟通等方面合作,构建高水平、全方位、多层次、宽领域的语言教育交流平台。推进双向留学,加大向"一带一路"国家派遣留学人员规模,培养中国"一带一路"沿线国家语言人才;同时加大对"一带一路"沿线国家来华留学生助学力度,培养更多知华友华的青年精英和未来领导者。

高校先行。中国高校聚集了80%以上的社科力量、近半数的两院院士、60%的"千人计划"入选者。③ 作为"一带一路"语言战略主力军,高校应逐步完善人才培养方案,着眼"一带一路"建设新领域、新需求、新方向,着力培养"语言+"国际型人才。利用交叉学科、集成联动优势,创新培养方式,加强中外办

---

① "丝绸之路大学联盟"于2015年5月由西安交通大学发起成立,截至目前已有34个国家和地区的134所高校参加。

② "全球外国语大学联盟"成立于2017年5月,是全球首家以外国语大学为特色,以服务"一带一路"为宗旨的高校联盟。首批成员来自全球16个国家的30所外国语大学,其中中方高校14所、外方高校16所。

③ 丁雅诵:《高校智库,如何与国家发展同步》,《人民日报》2017年8月10日。

学,探索具有本土特色、世界水平的现代语言发展之路,提升中国高校"一带一路"引领力和人才供给能力。

智库趋前。培育"一带一路"语言文字智库,形成类型多样、问题导向、多学科交融、多语种耦合的新型语言智库体系,加强语言理论、政策研究和话语体系创新,加大国别和区域研究,开展"一带一路"智库交流,宣传中国语言文化政策,从语言文字的角度为"一带一路"人文外交提供前瞻性、战略性、针对性咨询意见,促进沿线国家战略对接和民心相通。

海外力量补充。充分挖掘海外汉学家资源优势,推动其深入研究、全面认识并客观宣介中华文化、中国理念、中国道路、中国方案,以独到的视角和本土化语言向所在国介绍历史悠久、蓬勃发展和前景美好的中国,积极发挥中国与世界沟通的桥梁和纽带作用。

(三)作为一项先导工程,"一带一路"语言战略需要目标导向和支撑机制

"一带一路"语言战略规划主体目标是提升中国话语能力,根本在于建构丝路话语体系,这是当前中国语言规划的重要责任和时代使命。① 要根据中央全面深化改革领导小组第 30 次会议审议通过的《关于加强"一带一路"软力量建设的指导意见》,充分认识软力量作为"一带一路"建设重要助推器的作用,加强总体谋划和统筹协调,加强理论研究和话语体系建设,围绕"一带一路"和世界发展面临的重大问题,加强国际战略和全球

---

① 沈骑:《"一带一路"倡议下中国语言规划的五大任务》,《光明日报》2017 年 5 月 7 日。

治理、学术理论和话语体系研究,为"一带一路"建设提供有力理论支撑、舆论支持、文化条件。

加强传播机制建设,深入研究不同国家历史文化、政策法规、社会习俗和风土人情以及不同人群的语言习惯,深层把握其语言需求,发掘个性化关注点,以"一国一语"甚至"一国多语"为导向制定有针对性的国际传播方案,开展更多适销对路的语言文化宣传。细分对象国传播主体、传播载体和传播形态,加强精准传播、草根传播、新媒体传播等新业态传播,实现传播渠道多元化、传播对象精准化、传播流程精巧化、传播形式多样化。善于借助国外主流媒体、意见领袖、公关公司、智库专家讲述"一带一路"故事,以当地人的视角、思维和话语方式,以符合当地受众的语言习惯,向世界展示一个真实、立体、全面、多元、向好的中国。[①] 充分发挥国内相关部门的积极性,形成中央与地方、外宣单位和实际工作单位、官方和民间、组织机构和个人相结合的全方位、多元化、多层次的对外传播格局和体系,整合资源,形成合力。

(四)作为一项民心工程,"一带一路"语言战略需要注重语言安全

语言沟通作为人文交流的重要组成部分,其发展有着周期长、见效慢的独特规律,难以一蹴而就,需要久久为功。经营语言民心工程,反对急于求成,忌讳强势推动,避免欲速不达。汉语国际传播的推进,似可进一步弱化官方色彩,突出民间行为,

---

① 张耀军:《"一带一路":人类命运共同体的重要实践路径》,《人民论坛》2017 年 10 月。

努力展现开放胸襟、融入当地、服务所在国的姿态,防范"汉语侵略论""文化帝国论"等噪音干扰"一带一路"建设大局。做到在语言沟通中促进人文交流,在人文交流中保证语言安全,推动语言安全与人文交流成为"一带一路"民心相通、建设稳健前行的车之双轮。

加强"一带一路"沿线国家语言文化国情和现状调研,基于所在国政情、商情、社情、学情、舆情,建立语言文化风险预警、应急救援和舆情监测机制,建设涵盖多语种的语言风险信息案例库,及时发布语言风险预警信息。① 既要加强对国家官方语言的研究,也要加强对区域共同语言的学习,还要深化对跨境语言的掌握,合作防范语言风险,深化我国与沿线国家语言文化互联互通水平。

制定专门的"一带一路"语言人才规划,加大"一带一路"外语人才特别是非通用语人才培养,着力打造精通相关国家语言、熟悉国际通行规则、具有开阔国际视野、适应全球高端竞争、善长开展跨文化交流、具备高素质技能的人才,使其成为人类文明互鉴的实践者、人文沟通理解的促进者、国际和平发展的推动者。着重引导其重视跨文化管理、语言安全治理问题,擅于处理各类语言文化冲突,应对各类突发语言、舆论事件,管控各类语言文化分歧。

(五)作为一项前沿工程,"一带一路"语言战略需要深度发挥大数据作用

以数字"一带一路"建设为依托,树立"一带一路"语言战略

---

① 王铭玉:《为"一带一路"建设铺好语言服务之路》,《人民日报》2017 年 4 月 17 日。

的大数据思维,实现大数据战略与"一带一路"语言规划深度对接,支持基于"大数据+"的各类语言技术、产业、服务创新,推动利用大数据技术改造传统语言服务产业、行业和职业,实现融合发展。

坚持政府引导、市场运作、企业主体、社会参与的模式,充分发挥大数据企业创新实力和优势,提升"一带一路"语言信息处理技术水平,加快建设"一带一路"多语种识别、多语言感知等语言技术系统,发展智能语音通信产业,建设多语言云服务平台,完善智能呼叫、互联网语音等通信方式,为"一带一路"语言战略提供基础数据资源和有效技术支撑。

发挥高校、智库多学科、多语种交叉优势,加大语言学、认知科学、脑科学、神经心理学、计算机科学等基础理论研究,建立"一带一路"语言大数据和人文交流数据库、多语种语言集散地等,加强自然语言处理,为政府语言政策需求、企业、社会乃至个人语言服务需求提供基于大数据的可信实践数据和相应咨询服务。

重点创新运用大数据研究"一带一路"语言发展态势,探索建立"一带一路"大数据语言智库联盟,从语言文化角度研究沿线国家在经贸投资、装备制造、基础设施建设、产业园区合作、人文交流等领域的"发展潜力指数""投资安全指数"以及中国经验与沿线国家"匹配指数"等,使其成为共商、共建、共享的大数据语言专项平台。

(六)作为一项中国工程,"一带一路"语言战略要将传播中国语言文化作为立足点

传播中华优秀语言文化是"一带一路"语言战略的重要任

务。要将汉语国际传播纳入"一带一路"整体规划,在利用英语作为"一带一路"中介语言的当下,逐步推动确立汉语作为"一带一路"建设通用语言,善于提炼具有标识性的话语概念、表述和范畴,积极构建具有中国特色、中国风格、中国气派的中国特色话语体系。

要以语言沟通为介质,加快中华文化向国际社会传播力度,通过文明交流超越文明隔阂、文明互鉴超越文明冲突、文明共存超越文明优越,推动各国相互理解、相互尊重、相互信任,在提出中国主张、理念和方案,贡献中国经验、智慧和模式的进程中,顺其自然提升中国在当代世界文明体系中的认同度和话语权。

加强孔子学院汉语推广,建立海外汉学研究中心,巩固海外中华文化中心,创新中华文化传播,为"一带一路"沿线国家量身定制汉语教材,用汉语讲授所在国家的历史和文化。加大"走出去"企业对外籍员工的汉语培训力度。"新老结合",用好中医药、中国美食、中国功夫、中国园林、中国熊猫等"传统名片"以及移动支付、共享出行、中国高铁、网络购物等"现代名片"。

6

全球治理：

"一带一路"格局重塑的支点

中国发展的新思想、新理念，也是中国融入全球化、深入参与全球治理并对全球治理思想和模式的转变提供中国思想、中国方案的有力佐证。无论亲、诚、惠、容周边外交理念和全面、共同、合作、可持续安全观的提出，还是创设亚投行与丝路基金，打造中国与有关国家伙伴关系升级版，对解决全球和平赤字、发展赤字、治理赤字的担当，都贯穿着命运共同体意识。

人类命运共同体建设是"一带一路"倡议的精神升华，而"一带一路"倡议将成为实现命运共同体、开创人类新文明的有效、可行的路径。从目前各国事实上已结成利益共同体，到建设人类命运共同体，是新全球化时期世界各国人民的美好愿景。命运相连、休戚与共不应该仅仅停留在物质层面，或者说经济的相互依存，而应该在精神和文明的高度，树立全球公民意识，塑造天下大同的人类新文明和新世界。

一、命运共同体的内涵解读："中国梦"
   与"世界梦"的融合

"一带一路"倡议秉持共商、共建、共享原则，推动沿线及有关国家通过政策沟通、设施联通、贸易畅通、资金融通、民心相通，寻求优势互补，缩小发展差距，加快区域一体化进程，实现共同发展和共同繁荣。"一带一路"倡议把中国发展同相关国家发展紧密结合，显示出强大生命力和广泛包容性。目的就是希望通过相关国家在各个层面和领域的"互联互通"、文明融合，消除由于发展水平不同、意识形态各异、文明文化差异、国家实力不同，而产生的不平等、不公正、不公平现象，尽力找到避免在冷战年代国际社会分裂、对抗的新途径，创造国际经济融合、相互往来并相互依赖，做到"你中有我、我中有你"，从而降低国家间对立的风险。这一倡议融合了"中国梦"与"世界梦"，体现了中国国家利益和国际社会共同利益的高度一致性，为稳步建设人类命运共同体提供有效的路径和抓手。

二、共建命运同体为国际发展搭建新平台

共建"一带一路"顺应世界多极化、经济全球化、文化多样化、社会信息化的潮流，秉持开放的区域合作精神，致力于维护

全球自由贸易体系和开放型世界经济。共建"一带一路"旨在促进经济要素有序自由流动、资源高效配置和市场深度融合，推动沿线各国实现经济政策协调，开展更大范围、更高水平、更深层次的区域合作，共同打造开放、包容、均衡、普惠的区域经济合作架构。

自"一带一路"倡议提出以来，目前已得到100多个国家和国际组织的积极响应和支持，80多个国家和国际组织同中国签署合作协议。产能合作全面推进，亚投行、丝路基金等金融支撑顺利投入运营，中巴经济走廊、中泰和匈塞铁路等标志性大项目有序推进，沿线国家在全球供应链、产业链和价值链上的地位不断提升。"一带一路"建设必将推动沿线各国开展更大范围、更高水平、更深层次的区域合作，有利于共同打造开放、包容、均衡、普惠的区域合作架构，为全球跨区域合作树立良好典范。

三、打造命运共同体是解决全球治理瓶颈的一剂良药

毋庸讳言，当前世界面临诸多挑战，人类也正处在一个风险不断增多的时代。世界经济增长乏力，金融危机阴云不散，发展鸿沟日益突出，恐怖主义、难民危机、重大传染性疾病、气候变化等非传统安全威胁持续蔓延。恐怖主义蔓延更是对全人类构成巨大威胁，全球化进程遭遇逆风，保护主义、孤立主义、民粹主义思潮不断抬头，这对全球治理体系带来不少挑战。除此之外，世界多极化、经济全球化深入发展，社会信息化、文化多样化持续推进。新一轮科技革命和产业革命正在孕育成长，各国相互联

系、相互依存，全球命运与共、休戚相关，和平、发展、合作、共赢的时代潮流更加强劲，这也对全球治理体系提出了新的要求。

面对着全球大环境的深刻变化，当前，现有的国际规则体系的弊端也日益凸显。其未能反映世界权力结构的变化，缺乏针对跨国性事务的制度设计，缺乏对文明多样性的尊重，无法有效管理全球事务，"全球治理赤字"日趋扩大，国际秩序和全球治理正处在历史的转折点上。国际社会亟须继承、改进、整合、创新现有的国际规则体系。"一带一路"建设恪守《联合国宪章》的宗旨和原则，坚持共商、共建、共享的全球治理理念；着眼沿线各国实现发展的共同需求和互补优势；注重与现有机制相辅相成，注重合作模式多元化，注重制度建设与务实合作齐头并进，注重区域治理与全球治理协调共进；通过务实合作将沿线国家人民的命运紧密相连，不仅有力带动沿线国家经济繁荣和社会发展，也极大促进各国相互信任和互学互鉴，推动各国共同打造政治互信、经济融合、文化包容的利益共同体、责任共同体和命运共同体。"一带一路"通过自身发展带动和促进世界共同发展，开启了对全球治理新模式的探索，体现了超越狭隘民族国家利益和意识形态纷争的创新精神，为构筑人类命运共同体开启了新航程。

四、打造命运共同体为文明互鉴提供新模式

"一带一路"建设坚持民心相通，夯实各国合作民意基础，以理念认同带动行动协同，推动经济在开放融合中发展，文明在交流互鉴中丰富，各国在互利合作中共赢，更说明一条路需要不

同的人来走,才能通向更远。

　　文化交流合作可以促进民心相通。国之交在于民相亲,民相亲在于心相通,而实现民心相通,一个有效的手段就是文化交流。文化交流合作有助于促进不同文明的发展。从历史上看,古丝绸之路既是一条通商互信之路、经济合作之路,也是一条文化交流之路、文明对话之路,它所展现的开放、包容的文化交流心态为我们树立了光辉典范。"一带一路"倡议涉及几十个国家、数十亿人口,这些国家在历史上创造出了风格各异的文明形态,是人类文明宝库的重要组成部分。我们要充分发掘沿线国家深厚的文化底蕴,继承"丝绸之路"这一具有广泛亲和力和深刻感召力的文化符号,积极发挥文化交流合作的作用,全面反映"一带一路"沿线各国的历史文化、政治现状及利益诉求,从而起到消除偏见、化解歧见、增进共识的效果。

　　各国间的关系发展既需要经贸合作的"硬"支撑,也离不开文化交流的"软"助力。"一带一路"沿线各国历史文化宗教不同,只有通过文化交流合作,潜移默化、润物无声,才能让各国人民产生共同语言、增强相互信任、加深彼此感情,从而才能更好地加强经贸合作。近年来,中国与沿线国家的文化交流形式越来越新、内容越来越多、规模越来越大、影响越来越广。我们在推进"一带一路"建设中,要立足现有基础,打造新模式、探索新机制,充分发挥文化的桥梁作用和引领作用,加强交流交往,夯实经贸乃至社会等各领域交流与合作的基础。

　　比如,中英两国之间的文化合作机制化建设已经形成"1+1+3+N"的完整模式(即1个高级别人文交流机制,1个文化协定和年度执行计划,中国文化部与苏格兰、威尔士、北爱尔兰

3个英国地方政府签订备忘录，N个行业性合作协议）；中国建设"一带一路"文化遗产长廊，增进与"一带一路"沿线国家及文化遗产国际组织的交流合作；"一带一路"高校智库联盟，不断推动"一带一路"沿线国家教育合作和资源共享，整合科研与教育力量主动融入"一带一路"建设的实际行动。"一带一路"倡议不但为沿线国家的教育、现代科学知识、技术、生产以及商业一体化创造条件，也为这些国家的发展谋求福祉。

7

绿色发展：

"一带一路"理性发展的道路

"一带一路"沿线国家拥有丰富的自然资源，大多数国家受制于粗放的经济发展方式，地区发展缺乏显著动力，资源环境压力较大，可持续发展形势严峻，普遍面临经济发展与环境保护协调和平衡的难题。

绿色发展融入"一带一路"建设，分享中国生态文明建设经验和绿色发展理念与实践，能够为"一带一路"建设的顺利推进提供坚实保障和重要支撑，是影响"一带一路"倡议顺利推行的关键所在。绿色"一带一路"的内涵：践行绿色发展的新理念，倡导绿色、低碳、循环、可持续的生产生活方式，加强生态环保合作，开展绿色金融，建设"一带一路"生态文明。

绿色发展理念融入"一带一路"建设面临污染治理、产业升级以及生态环境保护等多方面挑战，沿线地区生态环境复杂，环保工作挑战多样，绿色金融的发展水平同样参差不齐。针对绿色"一带一路"严峻的建设环境，需从顶层设计、环保合作以及绿色金融发展与支持政策的完善多方面，为绿色"一带一路"建设提供全面支撑和服务并保障服务效果。

一、"一带一路"的绿色理念和实践，
为"一带一路"建设注入强大动力

"一带一路"建设，是党中央、国务院着力构建更全面、更深入、更多元的对外开放格局，审时度势提出的重大倡议，对于中国加快形成崇尚创新、注重协调、倡导绿色、厚植开放、推进共享的机制和环境具有重要意义。①

2015 年 3 月 28 日，国家发展改革委、外交部、商务部发布《推动共建丝绸之路经济带和 21 世纪海上丝绸之路的愿景与行动》，明确提出要突出生态文明理念，加强生态环境、生物多样性和应对气候变化合作；《"十三五"生态环境保护规划》中设置了"推进'一带一路'绿色化建设"专门章节；习近平主席在"一带一路"国际合作高峰论坛开幕式发表主旨演讲，提出"将深入贯彻创新、协调、绿色、开放、共享的发展理念，不断适应、把握、引领经济发展新常态，积极推进供给侧结构性改革，实现持续发展，为'一带一路'注入强大动力，为世界发展带来新的机遇"，要"践行绿色发展的新理念，倡导绿色、低碳、循环、可持续的生产生活方式，加强生态环保合作，建设生态文明，共同实现 2030 年可持续发展目标"。绿色发展已成为世界各国发展的共识，联合国

---

① 环境保护部、外交部、国家发展改革委、商务部联合：《关于推进绿色"一带一路"建设的指导意见》，中华人民共和国环境保护部官方网站，2017 年 4 月。

2030 年可持续发展议程中绿色发展与生态环保的要求与趋势十分突出,为世界各国发展和国际发展合作指引了方向。①

2017 年 4 月,为进一步推动"一带一路"绿色发展,环境保护部、外交部、国家发展改革委、商务部联合发布了《关于推进绿色"一带一路"建设的指导意见》,系统阐述了建设绿色"一带一路"的重要意义,要求以和平合作、开放包容、互学互鉴、互利共赢的"丝绸之路精神"为指引,牢固树立创新、协调、绿色、开放、共享发展理念,坚持各国共商、共建、共享,遵循平等、追求互利,全面推进"政策沟通""设施联通""贸易畅通""资金融通"和"民心相通"的绿色化进程②。同年 5 月,环境保护部发布了《"一带一路"生态环保合作规划》,明确以多维度合作共赢为抓手,强调充分发挥政府、企业、智库、环保社会组织、金融机构等各方力量,统筹国内和国外两个空间合作格局,从全面服务"五通"和加强地方能力建设等方面提出六大合作重点任务,对推进绿色丝绸之路建设具有重要作用。③ 这两份重要文件作为指导绿色"一带一路"建设的工作纲领,体现了中国推动建设绿色"一带一路"的坚定决心和切实行动,系统诠释了建设绿色"一带一路"的重要意义和总体思路,明确了绿色"一带一路"建设的多领域、多渠道、多主体合作格局。④

---

① 廉单:《为绿色丝路贡献中国智慧》,《经济日报》2017 年 12 月 7 日。
② 环境保护部、外交部、国家发展改革委、商务部联合:《关于推进绿色"一带一路"建设的指导意见》,《建筑技术开发》2017 年第 10 期。
③ 程翠云、翁智雄、葛察忠、段赟婷:《绿色丝绸之路建设思路与重点任务——〈"一带一路"生态环保合作规划〉解读》,《环境保护》2017 年第 18 期。
④ 周国梅、解然、周军:《明确目标 抓住重点 推动"一带一路"绿色发展》,《环境保护》2017 年第 13 期。

二、可持续发展理念，全球环保合作，发展 绿色金融，丰富绿色"一带一路"内涵

绿色"一带一路"的内涵概括为：践行绿色的可持续发展理念，倡导绿色、低碳、循环、可持续的生产生活方式，加强全球生态环保合作，开展绿色金融，建设"一带一路"生态文明。

（一）绿色"一带一路"是生态文明理念的分享、可持续发展理念的实践

绿色"一带一路"建设是以绿色发展为指导，突出生态文明理念的分享，坚持资源节约和环境友好原则，提升政策沟通、设施联通、贸易畅通、资金融通、民心相通的绿色化水平，将可持续发展融入"一带一路"建设的各方面和全过程。

针对"一带一路"沿线国家面临的复杂生态环境状况、日益严峻的生态系统破坏、严重的资源要素依赖等一系列问题，必须把握当前的经济结构转型时期的发展特点，坚持绿色发展，把生态文明的共同建设放在"一带一路"建设的突出地位，通过不断加强国家及区域合作，坚持共享发展，分享各国在可持续发展道路上的经验教训，坚持生态优先的建设原则，加强生态环保政策沟通，促进民心相通，共享美好"一带一路"的每一抹绿色。

（二）绿色"一带一路"是生态环境保护的全球合作、全球环境治理和绿色区域治理的齐头并进

绿色"一带一路"的建设要求"深入拓展在环境污染治理、

生态保护、核与辐射安全、生态环保科技创新等重点领域合作,使绿色'一带一路'建设惠及沿线国家,生态环保服务、支撑、保障能力全面提升,将'一带一路'建设成为绿色、繁荣与友谊之路"。①

　　绿色"一带一路"着眼全球,强调合作共赢。推进绿色"一带一路"建设是中国深度参与全球环境治理的重要实践。以大国负责任的态度推进绿色"一带一路"建设,提高生态环境保护能力,增进沿线国家及民众对"一带一路"建设的信任、理解和支持。通过绿色基础设施建设,重大跨境环保项目的落地实施,为"一带一路"建设提供有力的服务、支撑和保障。

(三)绿色"一带一路"是战略、政策、实施和服务的全维度绿色化,是绿色金融的多方共建

　　绿色"一带一路"坚持绿色化的战略和政策制定标准,坚持实施的任务和项目设计的绿色示范性,坚持绿色产业链的构建,坚持服务的长效性和可持续性。

　　作为"一带一路"建设的核心需求之一,绿色金融服务需求为"走出去"的金融发展提出了新的挑战,企业在参与"一带一路"建设中需要优化自身环境绩效,在根本上保障"一带一路"建设的绿色与可持续性。绿色金融要求在可持续发展背景下,金融机构通过环境风险与机遇管理实现自身的可持续经营,将投入"一带一路"的建设资金引向绿色低碳环境技术开发、绿色产能转移、污染治理和节能减排等绿色产业,促进产业结构调

①　环境保护部:《"一带一路"生态环境保护合作规划》,中华人民共和国环境保护部官方网站,2017 年 5 月。

整,最终实现经济的可持续发展。

(四)绿色"一带一路"建设是服务打造利益共同体、责任共同体和命运共同体的重要举措

推进绿色"一带一路"建设,有利于务实开展合作,推进绿色投资、绿色贸易和绿色金融体系发展,促进经济发展与环境保护双赢,服务于打造利益共同体、责任共同体和命运共同体的总体目标。[①]

三、绿色"一带一路"建设环境严峻,挑战多样,机遇巨大

(一)绿色发展理念的融入环境错综复杂

"一带一路"横跨亚非欧大陆,沿线国家和地区经济发展水平差异较大,社会环境与宗教文化各有不同,生态环境复杂多样,东端是经济快速发展的东亚经济圈,西端是经济发达的欧洲经济圈,中间是资源禀赋丰富但生态相对敏感、脆弱的广大腹地国家,容易出现污染物跨境传输的现象。"一带一路"沿线国家和地区面临共同应对全球气候变暖、治理跨境污染、防治土地荒漠化、缓解淡水资源危机、消除贫困等重大难题。部分国家经济转型缓慢、环境基础差、负担人口多、绿色产业乏、环保能力弱的现状。因此,中国在推进"一带一路"建设过程中,面临着污染

[①] 陈晓东:《用绿色发展将"一带一路"建成命运共同体》,《区域经济评论》2017年第6期。

治理、产业升级、生态环境保护等多方面挑战。如何将绿色发展理念更好地融入建设,如何贯彻"一带一路"建设中绿色发展的思路,成为绿色"一带一路"建设中需要解决的首要问题。

(二)沿线地区生态环境复杂,环境挑战多样

"一带一路"沿线区域十分广阔,总体上位于全球气候变化的敏感地带,生态环境多样而脆弱,沿线重点区域生态环境特征差异明显,环境问题复杂多样。东南亚是世界上生物多样性最丰富的地区之一,然而由于气候变化、野生物种入侵、非法偷猎和走私等原因,地区生物多样性正在锐减,大量物种处于濒危状态。同时,人口增长、城市扩张、工业生产、交通发展也导致该地区面临严重的水和大气污染问题。中亚地区地处干旱和半干旱地区,沙漠化和荒漠化问题突出,水资源极为短缺,农业、工业、采矿业和城市及农村生活用水污染问题严重,此外还面临大气污染、土地退化、土壤污染及核污染等环境问题。南亚地区遭受着生活污水、工业排放废水、化学药品和固体废弃物的严重污染。中东地区同样面临水资源短缺、交通和工业发展带来的空气污染问题。[①] 据测算,"一带一路"沿线地区土地类型中荒漠占比为15.95%,全球58%的荒漠(裸地)集中在这些地区。总体来看,"一带一路"沿线国家和地区发展建设的艰巨性与自然环境的脆弱性形成了强烈对比。[②] 面对制约发展的复杂脆弱的自然环境及环境承载力,如何实现经济发展与资源配置的合理

---

① 解然:《绿色"一带一路"建设的机遇、挑战与对策》,《国际经济合作》2017年第4期。
② 田颖聪:《"一带一路"沿线国家生态环境保护》,《经济研究参考》2017年第15期。

性,成为绿色"一带一路"急需克服的挑战。

(三)绿色金融发展水平参差不齐

"一带一路"沿线地区在过去的二十多年里保持较为快速的增长势态,是世界经济版图中较为有活力的地区。然而从整体来看,地区经济发展水平依然较低。据统计,虽然沿线区域GDP总量约占世界总量的三分之一,但人均GDP只有世界水平的一半,经济结构中农业和工业增加值比重明显高于世界平均水平,服务业增加值比重较低。此外,"一带一路"沿线多为发展中国家,总体上仍处于工业化进程中,各国间工业化水平差距较大,大多数国家处于工业化中后期阶段。大多数国家经济发展较为依赖对资源的开采利用,发展方式相对粗放,经济增长还处在与资源消耗和污染物排放的挂钩阶段,资源消耗和污染物排放依然持续快速增长,资源环境压力不断加大,绿色金融发展面临严峻形势。[①]

四、展望绿色"一带一路"建设,坚持 可持续的合作发展实践路径

(一)绿色发展理念已融入顶层设计,可持续发展思路 需全方位深化

习近平总书记作出了推进绿色"一带一路"建设的重要工

---

① 王文、曹明弟:《绿色金融与"一带一路"》,《中国金融》2016年第16期。

作部署,相关政府部门发布了《关于推进绿色"一带一路"建设的指导意见》和《"一带一路"生态环保合作规划》,明确提出要将生态环保融入"一带一路"建设的各个方面,分享中国生态文明建设的成功经验,不断提高沿线国家生态环境保护和防范生态环境风险的能力,促进经济社会发展和生态环境保护双赢,共同实现 2030 年可持续发展目标。这不仅标志着中国在"一带一路"建设的推进过程中,在顶层设计中主动将绿色发展理念融入"一带一路"建设,而且有力地回应了国际社会的误解和质疑,明确了在"一带一路"建设中推进绿色发展的思路。①

下一步,中国需要全方位地践行绿色发展理念,合作推进沿线各国的生态文明建设。针对沿线各国面临的自然资源配置不合理、生态系统污染破坏、资源要素紧张等一系列严峻问题,必须通过共享合作,传递创新、协调、绿色、开放、共享的新发展理念。坚持创新驱动战略,依靠科技进步促进沿线各国的产业升级和企业转型;坚持协调发展,要推动人与自然和谐相处,在"一带一路"建设的过程中坚持生态优先原则,实现各地区、各区域以及全球的生态效益、社会效益和经济效益相统一;坚持绿色发展,必须坚持节约资源和保护环境的基本发展策略,积极推进绿色项目的落地;坚持开放发展,加强对外合作,共同保护生态环境;坚持共享发展,要让国内人民群众和"一带一路"沿线国家人民群众共享中国改革开放取得的成果,共享美好生态环境。

---

① 张敏:《"一带一路"建设中如何实践绿色发展理念?》,《区域经济评论》2017 年第 6 期。

（二）加强生态环境保护合作，为绿色"一带一路"建设提供全面支撑和服务

1. 做好生态环境保护的基础工作，承担环保责任，优化产能布局，防范生态环境风险

提高自身环保要求，加大目标地及周边区域的生态环境的调研，以发展理念思考并评价基础工作；识别生态环境敏感区和脆弱区，开展综合生态环境影响评估，合理布局产能合作项目；加强环境应急预警领域的合作交流，提升生态环境风险防范能力，为"一带一路"建设提供生态环境安全保障。

2. 推进绿色基础设施建设，满足日益增长的环保需求

针对"一带一路"沿线国家的准入"环境壁垒"，需从提高绿色基础设施建设入手，强化生态环境质量保障。提高基础设施建设的环保标准和规范，带动"一带一路"沿线重大基础设施建设项目的生态环保服务与支持水平，以国际标准的行业生态环保标准、规范要求自己，推广绿色交通、绿色建筑、清洁能源等行业的节能环保标准和实践，促进先进生态环保技术的联合研发、推广和应用。推动水、大气、土壤、生物多样性等领域环境保护，促进环境基础设施建设，提升绿色化、低碳化建设和运营水平。加强环保科技人员交流，推动科研机构、智库之间联合构建科学研究和技术研发平台，为绿色"一带一路"建设提供智力支持。①

---

① 环境保护部、外交部、国家发展改革委、商务部联合：《关于推进绿色"一带一路"建设的指导意见》，中华人民共和国环境保护部官方网站，2017 年 4 月。

3.加强环保合作机制建设，打造绿色合作平台，完善国际环境治理体系

以绿色"一带一路"建设为统领，构建绿色合作机制，统筹并充分发挥现有双边、多边环保国际合作机制，构建环保合作网络，创新环保国际合作模式，建设政府、智库、企业、社会组织和公众共同参与的多元合作平台，强化金砖国家、中国—东盟、上海合作组织、澜沧江—湄公河、亚信、欧亚、中非合作论坛、中国—阿拉伯等合作机制作用，推动"一带一路"六大经济走廊的环保合作平台建设，扩大与相关国际组织和机构合作，推动国际环境治理体系改革。要坚持高标准引领、高规格建设。通过政企合作，开发"一带一路"产学研合作模式，制定更高标准的环保标准和规范，共同研发先进的生态环境保护技术。完善环境保护从业人员的激励机制，推动环境保护企业、科研机构和智库联合构建环保科技研发平台。①

4.推进环保信息共享和公开，提供综合信息支撑与保障

要坚持信息披露，建立高度透明的环境信息披露机制，主动接受国际社会监督。加强环保大数据建设，发挥国家空间和信息基础设施作用，加强环境信息共享，合作建设绿色"一带一路"生态环保大数据服务平台，推动环保法律法规、政策标准与实践经验交流与分享，加强部门间统筹合作与项目生态环保信息共享与公开，帮助完善"一带一路"沿线国家的信息基础设施，提升对境外项目生态环境风险评估与防范的咨询服务能力，推动生态环保信息产品、技术和服务合作，为绿色"一带一路"

---

① 杨宜勇：《打造绿色"一带一路"应把握三个关键问题》，《区域经济评论》2017年第6期。

建设提供综合环保信息支持与保障。①

（三）制定完备绿色金融的发展政策，系统推进"绿色"外交

1.中央政府加强规范和引导，加大对外援助支持力度，推动绿色项目建设及落地实施

以生态环保、污染治理、环保技术与产业、环保设施、环境保护人员培训与交流等为重点，优先开展生态环境保护基础设施及能力建设项目，探索在境外设立生态环保合作中心。借鉴国际经验，加强环境保护的国际合作与交流，宣传绿色发展理念，推动绿色发展。支持相关社会组织开展生态环境保护项目。鼓励中国的环境保护跨国企业积极开拓"一带一路"沿线国家的环境保护市场，鼓励优势环境保护产业集群"走出去"，采用国际先进标准，借鉴中国建设生态产业园区的成功经验，探索与"一带一路"沿线国家共同建设生态环境保护产业园区。通过完善相关管理制度，不断规范跨国企业在"一带一路"沿线国家建设项目的环境行为，提高其社会责任意识。②

2.搭建绿色融资平台，鼓励符合条件的"一带一路"绿色项目按程序申请国家绿色发展基金、中国政府和社会资本合作（PPP）融资支持基金等现有资金（基金）支持

创新投融资模式，吸引多方资本投入"一带一路"的绿色产

---

① 国冬梅、王玉娟：《绿色"一带一路"建设研究及建议》，《中国环境管理》2017年第3期。

② 周昭：《基于"一带一路"背景下绿色金融战略研究》，《技术经济与管理研究》2017年第11期。

业发展。发挥亚洲基础设施投资银行、国家开发银行、进出口银行等金融机构引导作用,形成多渠道投入体系和长效机制,发挥政策性金融机构的独特优势,引导、带动各方资金,共同为绿色"一带一路"建设造血输血。大力结合现有国际多双边合作机构和基金,充分运用丝路基金、南南合作援助基金、中国—东盟合作基金、中国—中东欧投资合作基金、中国—东盟海上合作基金、亚洲区域合作专项资金、澜沧江—湄公河合作专项基金的资本功能保障"一带一路"绿色项目。[①]

3. 推进绿色贸易发展,促进可持续生产和消费

推动政策措施和相关标准规范,促进绿色贸易发展。将环保要求融入自由贸易协定,做好环境与贸易相关协定谈判和实施;提高环保产业开放水平,扩大绿色产品和服务的进出口;加快绿色产品评价标准的研究与制定,推动绿色产品标准体系构建,推广中国绿色产品标准,减少绿色贸易壁垒,以市场手段降低生态环境影响。

4. 加强对外投资的环境管理,促进绿色金融体系发展

推动制定和落实防范投融资项目生态环保风险的政策和措施,加强对外投资的环境管理,促进企业主动承担环境社会责任,构建企业环境绩效评估指标体系,严格保护生物多样性和生态环境;推动中国金融机构、中国参与发起的多边开发机构以及相关企业采用环境风险管理的自愿原则,支持绿色"一带一路"建设;积极推动绿色产业发展和生态环保合作项目落地。

---

① 庞海坡:《绿色发展融入"一带一路"战略的现实需求与制度保障》,《人民论坛》2017年第4期。

5.推进绿色"一带一路"建设，需要依托现有多双边环境国际合作资源网络，系统谋划绿色"一带一路"环境外交

加强人员交流与能力建设，促进绿色"一带一路"民心相通。识别沿线各国在"一带一路"建设中的优势与诉求，突出"共商、共享、共建"，以"共赢"为导向，构建绿色"一带一路"利益共同体。①

6.建立一套绿色金融的统一框架，与沿线国家一道，共同打造一个国际性的绿色金融发展标准

促进沿线国家对"绿色金融"概念的理解与认同，确保绿色投资的效果与影响力，助力绿色"一带一路"的顺利建设。

---

① 解然：《绿色"一带一路"建设的机遇、挑战与对策》，《国际经济合作》2017年第4期。

$\mathcal{8}$

数字强国：

数字丝路面临的挑战与应对

　　数字"一带一路"是中国建设"数字强国"的内生性要求，也为"一带一路"沿线国家数字化发展提供了契机。当前"一带一路"沿线国家具备一定程度的数字化发展基础，但总体水平仍有待提高。数字"一带一路"建设有利于推动沿线国家经济社会发展，提升国家治理水平，积累国际竞争新优势，进而促进全球治理体系变革。

　　数字"一带一路"建设面临的挑战不容忽视：沿线国家大数据战略意识不强，大数据基础设施水平不一，大数据安全威胁不断，大数据标准制定能力不均。针对上述挑战，强化大数据战略思维，优化数字化顶层设计；加大基础设施投入力度，拓宽大数据应用领域；加强网络空间治理，提升数据流通安全性；做实支撑机制建设，保障数字"一带一路"道宽路畅。

　　"一带一路"倡议是中国在新的历史条件下实行全方位对外开放的重大举措，也是推动沿线国家和平合作、共同发展的中国方案，是向国际社会提供全球公共产品和协力推进全球治理创新的平台。自 2013 年提出以来，"一带一路"建设逐渐从理念转化为行动，从愿景转变为现实，进度和成果超出预期，"朋友圈"不断扩大，全球 100 多个国家和国际组织积极支持和参与。

　　目前"一带一路"建设成果主要集中在铁路、公路、港口、电站、油气管道等基础设施上，数据互联互通大有潜力可挖。大数据作为信息时代的产物被视为一国基础性战略资源，也是"一带一路"建设需要充分利用的生产要素。2016 年 9 月二十国集团杭州峰会期间，中国作为主席国主持起草了首个具有全球意义的数字经济发展合作倡议——《二十国集团数字经济发展与合作倡议》，明确了数字经济合作的原则、领域、政策和方向。2017 年 5 月"一带一路"国际合作高峰论坛开幕式上，习近平主席在演讲中进一步提出要把"一带一路"建成创新之路，加强在数字经济、人工智能、纳米技术、量子计算机等前沿领域的合作，推动大数据、云计算、智慧城市建设，连接成 21 世纪的数字丝绸之路。

　　深入推进数字"一带一路"既是中国建设"数字强国"的内生性要求，也为"一带一路"沿线国家数字化发展提供了契机。

中国可在"一带一路"框架下先行推进建设数字"一带一路",主动引领"全球化3.0"的发展方向,打造数字经济区域合作的样板。"一带一路"沿线国家可通过数字化建设,在数据信息服务和国际通信领域互联互通的"虚拟"高速公路上实现高效、智能、信息化发展,共建"一带一路"利益共同体、责任共同体和命运共同体,实现协同共赢。

一、大数据与科技革命

(一)大数据是人类科技进步的一次重大飞跃

纵观历史,人类社会发展的每一次质的跃进,都有最具时代标志性的技术创新相伴而行:18世纪第一次工业革命广泛应用煤炭和蒸汽机,开启了人类文明的蒸汽时代;19世纪内燃机的问世宣告了第二次工业革命的来临,将人类带入了电力时代;20世纪计算机作为信息时代的宠儿获得普遍使用;21世纪则迎来了以大数据、云计算、物联网和人工智能为核心的新一轮科技革命。综合来看,大数据来源广泛、规模巨量、种类繁多、增速迅猛,是以存取速度快、处理流程长、应用价值高、挖掘潜力大为主要特征的数据集合,被人们誉为21世纪取之不尽用之不竭的"新能源",成为继人口、土地、资本和能源之后的新型生产要素。据最新的全球联接指数2017年研究显示,2016年全球联接指数水平提升了5%,其中,全球4G覆盖率提升了61%,数据产生量增加了65%。近年来全世界产生的数据已经超过人类有史以来的数据总和,而且这一数字化趋势还在持续加速发展。

（二）大数据是信息社会发展的高级阶段

大数据以网络为基础，以信息为资源，以人工智能为中心，以服务社会为目标，颠覆性地改变了人类思维模式和生产生活方式，开启智能时代重大跃迁，引发巨大的经济社会变革。基于网络空间的开放性和共享性，以及数据资源高渗透性、柔韧性等特征，数字经济可以通过大数据的获取和处理应对多样性的挑战，从而降低成本，提高效率，实现工业化大规模生产与个性化定制的双轮运作。从发展势头看，数据全球化已经成为继贸易全球化、资本全球化之后最新的发展趋势，获取和利用数据的能力日益成为国与国竞争的一个关键指标，数据权已成为继陆权、海权、空权之后的新型权力模式。

二、数字"一带一路"发展趋势

（一）大数据是"一带一路"国家新的合作增长点

以移动宽带为标志的网络设施以及由此发展起来的物联网、电子商务、虚拟（增强）现实、区块链、基因工程、量子通信、超级计算等是驱动大数据发展的最为活跃的源头活水。截至2016年年底，中国通过国际海缆、陆缆可连接东北亚、东南亚、南亚、中亚、中东、北非、欧洲、大洋洲和美洲地区。中国还与土耳其、波兰、沙特阿拉伯等国签署了《关于加强"网上丝绸之路"建设合作促进信息互联互通的谅解备忘录》，推动互联网和信息技术、信息经济等领域合作。① "一带一路"国际合作高峰论坛期间中国还与阿富汗签署《信息技术合作谅解备忘录》，签署支持中国电信企业参与"数字哈萨克斯坦 2020"规划合作框架协议。正如"梅特卡夫定律"所揭示的数字经济奥秘：网络的使用者越多，其利用效益越高。插上大数据的翅膀，推动沿线国家网络普及、优化国家间贸易结构，形成双向、多向开放和共享，有助于各国实现数字化发展，将深刻改变各国经济竞争与合作格局。

（二）数字"一带一路"具有较大的发展空间

随着移动互联网井喷式发展与全球中产阶级及消费社会兴起相结合在全球的快速延展覆盖，直接促成了"大数据洪流"的形成。从世界范围看，这一指标从 2011 年不足 20% 大幅上升至 2016 年的近 50%，数字经济发展迈入大数据驱动时代，表现最为抢眼的是电子商务和基于用户参与体验的共享经济的蓬勃发展，中国的"双十一"与美国的"黑色星期五"便是全球跨境电子商务快速发展的缩影，Airbnb 与共享单车更是如雨后春笋般迅速发展。结合联合国贸易与发展会议提出的互联网用户普及率、使用信用卡支付份额、物流水平和安全服务器等复合指标来看，"一带一路"沿线国家平均值达到 49%，略高于 47.2% 的世界平均水平②，这在一定程度上表明"一带一路"沿线国家具备

---

① 推进"一带一路"建设工作领导小组办公室：《共建"一带一路"：理念、实践与中国的贡献》，新华社，2017 年 5 月 10 日，http://news.xinhuanet.com/politics/2017-05/10c_1120951928.htm。

② 王振、赵付春、王滢波：《发展数字经济 点亮创新之路》，《人民日报》2017 年 5 月 22 日。

了一定程度的数字化发展基础。沿线一些国家已经洞悉信息技术和数字经济推动经济社会发展的巨大潜力,加大了信息产业投入。但总体看,沿线国家数字化水平目前仍处于起步阶段,与发达国家相比还有不小差距,部分国家的数字发展需求与基础设施不匹配,不少国家缺少数字化发展的核心技术,大数据人才不足,互联网企业竞争力不强。以中东国家为例,数字经济对地区国家 GDP 的贡献率平均仅为 4%。推进数字"一带一路"建设,压缩"数字鸿沟",还有较大空间。

三、大数据推动"一带一路"沿线 国家步入数字时代

(一)实现经济社会跨越式发展

发展始终是人类社会永恒的主题。"一带一路"横跨亚洲、欧洲和非洲等地,沿线人口占全球人口总量的 60%,贫困人口尤其是极端贫困线下的人口占到全世界贫困人口的 50%,多数国家处于向工业化、城镇化、现代化迈进阶段,发展经济、改善民生是沿线国家的普遍心愿,"数据驱动发展"成为沿线国家的共识。建设数字"一带一路",大力发展数字经济,有利于利用大数据改造、升级传统产业和工业经济,加快培育和创造经济新业态、新模式,通过推动数字经济与实体经济深度融合,为经济社会发展提供双轮驱动力,实现"一带一路"沿线国家跨越发展。建设数字"一带一路",还可以充分利用大数据资源高效对接各国合作需求与利益诉求,提高贸易和投资自由化便利化水平。

此外,借助互联网红利可以提高沿线国家整体的资源配置效率,优化利用各国要素禀赋,带动生产效率提高,改善民众生活水平,更好造福当地人民。

以快速发展的中俄电子商务为例,俄罗斯90%以上的快递包裹来自中国,为了帮助俄罗斯提高分发速度,中国电商平台把交易信息等全部共享给俄罗斯邮政,极大地提升了俄罗斯邮政清关效能,推动中俄两国跨境电商实现了年均20%以上的增长速度。

(二)构建科学有效的国家治理体系

完善治理体系是各国普遍面临的重大课题。随着大数据作为国家战略资源观念的不断增强,利用大数据提升治理能力越来越成为各国施政的重要手段。"一带一路"沿线国家多为发展中国家,经济社会处于转型发展期,政治冲突、社会动荡、利益纠葛和族群矛盾等经常困扰和威胁国家治理体系。马克斯·韦伯曾指出现代社会中的科层制、等级制、职能制的官僚体制凸显了行政组织功能复杂多样,而大数据决策则可以避免由于官僚机构职能重叠和决策对象边界模糊所引起的决策效能抵消和恶性竞争现象。[①] 从一定意义上看,"一带一路"沿线国家更加需要利用大数据和信息手段预判经济运行风险、感知社会态势、畅通沟通渠道、辅助科学决策、交流治国理政经验,探索适合自身国情的发展道路。相对于传统手工小数据,现代大数据技术通过对海量、多样、动态、复杂的数据快速收集、全样本分析、深入

---

① 陆钢:《大数据时代下"一带一路"决策系统的构建》,《当代世界》2015年第7期。

挖掘、实时研判和有效利用,深度集成国家政治、经济、社会、文化、生态等各领域信息资源,稳步提高国家决策、服务、执行和应急管理能力,推动构建系统完备、科学严谨、运行有效的国家治理体系,为"一带一路"沿线国家精细化社会管理和国家治理开辟新的途径。

以华为为例,该公司与全球合作伙伴共享数据资源,为客户提供智慧城市整体解决方案,现已服务全球 40 多个国家、100多个城市,如沙特阿拉伯的数字化变革计划和迪拜的智慧城市建设等。通过大数据驱动形成多维度、全方位、实时实地的信息采集和数据分析,支撑智慧城市、个性化医疗、差别化教育、智慧生态等多方面应用。

(三)积累新的国际综合竞争优势

2008 年国际金融危机深层影响挥之不去,寻找新的增长动力是当前国际社会关注的焦点,以大数据为代表的信息技术则承载着全世界的期待,主要国家围绕数字竞争力加紧全球战略布局,美国早在 2012 年便制定了"大数据研究和发展计划",英国出台《数字经济战略(2015—2018)》,德国发布"数字战略2025",法国提出"数字国家"政策计划,日本主张建设"超智能社会"等。"一带一路"沿线国家要顺时应势,抓抢时代机遇,善用大数据新工具,创新资源配置方式,努力突破时空限制,实现资源在沿线乃至全球按需、即时、灵活调配,降低交易成本;加快推进数字"一带一路"建设,构建数据互联互通网络,以激活本土资源带动利用全球资源,以数据流带动技术流、资金流、人才流和物资流,推进大数据在基础研发、生产制造、管理决策等形成全要素、全环节、高收益的广泛运用。

大数据有利于"一带一路"沿线各国企业精准控制成本、科学规划采购、理性进行决策,从而提升企业竞争力;企业加强大数据利用,通过融入全球产业链获得发达国家技术成果转移,促进本国产业转型升级,培育新的经济增长极,助力沿线发展中国家提升在全球价值链中的位置,加快现代化进程,为抢占全球产业发展高地积累能量。

(四)促动全球治理体系变革

2016年以来,特朗普当选美国总统、英国脱欧等"黑天鹅事件"频出,国际政治中的不确定性渐成当代世界的"新常态"。世界格局波诡云谲,逆全球化潮流涌动,经济民族主义、政治保守主义、社会民粹主义、文化排外主义、外交孤立主义冲击着全球治理体系。而以跨境电商、移动支付、数字贸易和共享经济等新型商业模式引领的数字化发展,更具柔韧性、渗透力、可持续性和跨界融合度,有助于突破各类保护主义限制,优化全球竞争格局,改善全球治理体系。借力数字经济新渠道,加强建设"一带一路"沿线国家复合型的互联互通网络,构建开放多元、合作共赢的经济合作框架,有助于促进各国在参与全球产业分工与合作的过程中,从国际体系的旁观者积极投身全球治理,为国际社会提供更多公共品。此外,互联网的发展颠覆了传统信息传播模式,社交媒体平台强大的舆论影响有力冲击了欧美大国主导的全球治理中的一些根深蒂固的价值观念和游戏规则,数字"一带一路"的建设,不仅可以促进沿线各国宏观经济政策方面的互鉴,还可以凝聚沿线各国的智慧与力量,重塑全球传播新秩序,推动全球治理体系创新,构建利益交融、安危与共的利益共同体和命运共同体。

四、数字"一带一路"建设面临挑战

（一）大数据战略意识不强

"一带一路"沿线国家传统治理思维和体制短期难以改观,大数据治国理政和服务经济社会发展意识尚待逐步确立。沿线国家发展大数据可利用的数据源较小,政治、经济、社会、文化等方面的海量数据有待集成、挖掘与分析;对于大数据等新技术的投资以及在治国理政、经济转型、科研教育和公共服务中的应用重视不够,经济社会效益较差;政府对数字产业发展、推进智慧城市建设等相关政策的制定和引导不足,数字教育普及率较低;各国数据发展水平不均,同一国家不同地区、不同产业数据发展也不均衡,一定程度上制约了沿线国家数字红利的辐射效应。对于中国而言,国内经济可以说已经稳步迈向大数据时代,而利用大数据服务"一带一路"建设尚处在起始阶段,特别是数据分布零散孤立、数据应用部门分割、数据安全法规缺位等问题,一定意义上制约了中国推进数字"一带一路"进程。

（二）大数据基础设施水平不一

大数据时代,掌握数据资源是首要,而互联网则是获取数据的主要平台。根据国际电信联盟最新统计数字,截至 2017 年年底,全球仍有 30 多亿人没有用上互联网,其中多数为发展中国家,不少为"一带一路"沿线民众,非洲的网络普及率仅为27.7%(而这一数字在北美则达到88.1%)。"一带一路"沿线国家数字基础设施水平参差不齐,中国、新加坡、马来西亚、罗马尼亚、爱沙尼亚、以色列等国数字基础设施相对较好,数字经济发展增长速度远高于全球平均水平。但其他一些国家则相对滞后,在网络基础设施、带宽技术开发、产业体系、管理制度和能力建设等方面存在较大差距。

(三)大数据安全威胁不断

在大数据环境下,网络空间安全面临更加复杂和严峻的形势,数据的价值在于开放共享,而数据安全则是其前提要件。当前,"一带一路"沿线国家既面临数据开放不足问题,也深受数据安全保护不力的困扰,特别是数据传输跨国性对传统国家主权原则带来复杂的权责关系[1][2][3],对沿线国家保护数据安全构成挑战。滥用数据、侵犯隐私、网络诈骗、窃取商业秘密甚至监控他国数据、危害别国信息安全等大数据运行方面的问题时有发生,特别是 2017 年针对 Windows 操作系统漏洞的WANNACRY 勒索病毒事件引发全球性恐慌,使各国对数字时代的安全问题更加关注。

随着"一带一路"的深耕细作,各国会有不少涉及国家间能

---

① 中国国际经济交流中心网络空间治理课题组:《网络空间治理需把牢数据主权》,《光明日报》2016 年 10 月 12 日。

② 中国互联网络信息中心:《第三十九次〈中国互联网络发展状况统计报告〉》,《人民日报》2017 年 1 月 23 日。

③ 王义桅、郑栋:《加强"一带一路"网络空间国际合作》,《中国信息安全》2016 年第3 期。

源、交通、水利、环保、民航等领域的重大合作项目,这些合作与国家的政治、经济、外交、安全政策紧密相关,因而其网络信息系统中可能既有商业秘密,同时还涉及国家机密,这就对保护网络数据安全提出更高的要求。处理好跨境数据流动与网络空间治理问题,平衡把握推进数据开放共享与维护数据安全两者之间的关系,是数字"一带一路"顺利发展的重要保障,也是发挥好数字"一带一路"的关键所在。

（四）大数据标准制定能力不均

数字"一带一路"是片新"蓝海",标准规则制定处于起步阶段。一方面当前的网络核心技术标准高地由美国单边占据,尽管美国对 ICANN（The Internet Corporation for Assigned Names and Numbers,互联网名称与数字地址分配机构）的控制出现松动,但仍然牢牢把持着国际互联网根域名控制权、网络域名解析（DNS）、互联网传输协议（TCP/IP）、无线网络传输技术（WiFi）等互联网核心资源和技术标准,在数字领域和网络空间事实上的霸权地位短期内难以撼动。另一方面,大数据产业标准缺失,评价大数据相关产品的指标体系不完善,缺少权威的第三方咨询、评定和培训服务机构,不利于数字贸易的公正、公平、有序进行。建设数字"一带一路",扩展互联网设施统一规划和集约部署,实现数据统一采集、整合和分析利用,加大数据交易和商业化运作的规则制定,有利于推动建立更加公正的全球网络空间和数字治理体系,共同提升"一带一路"沿线国家标准制定权和数据话语影响力。

五、数字"一带一路"建设的战略设计

（一）强化大数据战略思维，优化数字化顶层设计

坚持数据共商、共建、共享，反对数据霸权主义，占领数字时代的道义制高点。以开放性和包容性为本，打造数字"一带一路"伙伴关系，尊重沿线国家纷繁复杂的政治法律制度、经济社会发展水平、历史文化宗教差异，照顾各方舒适度，稳妥有序推进沿线国家数字化发展。加强数据规则和标准制定，以数字"一带一路"建设为支点，撬动中国在全球数字经济、网络空间的规则制定权、议程设置权和国家话语权，形成我国与沿线国家共享的数字制度性权力。

充分认识大数据对"一带一路"科学规划、稳步实施的价值和作用，从战略高度和长远角度抓紧布局数字"一带一路"发展。建立"一带一路"大数据交流平台，实现资源共享，促进互动对话，凝聚发展共识。鼓励"一带一路"沿线国家将大数据战略纳入本国、本地区经济社会发展规划，制定推动大数据发展的政策举措，加大数据资源在安全可控基础上的开放共享，重视数字经济协同创新，实现联动发展。

（二）加大基础设施投入力度，拓宽大数据应用领域

大力推动以互联网为主要载体、以大数据软硬件和机制建设为纽带的大数据基础设施建设，着力形成技术先进、产业发达、应用领先的大数据体系。本着自愿、平等、互利原则，积极构

建以大数据为核心的全球产业链和价值链,鼓励沿线国家整合基础性大数据资源库,努力实现网络互联、信息互通、数据共享。加强基础性、前瞻性、原创性技术研发,力争核心技术不断取得突破,加快从跟跑向并跑和领跑的转变。发挥中国在第五代移动通信技术(5G)等新一代网络研发、技术和标准方面的优势,以"一带一路"为依托加大未来覆盖布局。促进大数据与不同产业的融合,抢占发展主导权。发挥大国大市场优势,支持云计算、大数据、移动互联网、物联网等在金融、贸易、工业等重点行业深化应用,重构价值链,促进模式和业态创新。

(三)加强网络空间治理,提升数据流通安全性

从外部环境看,"一带一路"沿线一些地区面临政局不稳、教派纷争、社会动荡、安全形势复杂等风险,须着眼夯实数字"一带一路"建设安全环境,打击跨国有组织的网络犯罪,共同打造有利于数字"一带一路"发展的良好外部生态体系。从国际合作来看,数据安全威胁是全球化时代人类面临的共同问题,任何国家都无法视而不见,也难以独善其身。宜以"棱镜门"、勒索病毒事件为鉴,深入研究并严密防范网络安全可能对数字"一带一路"造成的风险,面对网络和数字犯罪的全球蔓延之势,加大国际多双边协调和跨国执法合作,积极参与搭建数字经济国际规则框架,协调各方利益相关者在互联网领域的冲突与矛盾,努力开创网络空间安全国际治理新格局。从大数据本身看,要完善"一带一路"大数据交易、流通和监管机制,平衡数据跨境流动与保护个人隐私、企业商业秘密和国家信息安全之间的关系,本着使用数据必须承担责任的原则,逐步形成权责分

明、保障有力的数字"一带一路"安全架构。

(四)做实支撑机制建设,保障数字"一带一路"道宽路畅

一是发挥智库作用,整合并充分发挥大数据服务"一带一路"专业咨询机构作用,主动设置数字"一带一路"建设的前沿议题,开展产学研用多维立体合作项目,进行跨境流动等数据治理、大数据国际标准制定等调研,加强前瞻性、战略性、专题性(或总体性)咨询服务,加大文献整理、数据挖掘和成果发布,提高大数据的经济社会效益。二是做好融资支持,依托亚投行、丝路基金等机制,设立数字"一带一路"专项基金,为数字"一带一路"建设与发展提供充足稳定的资金保障,此外,政府也可以考虑PPP途径解决资金融通的瓶颈。三是重视数字人才的培养,加大既熟悉数据产业发展又了解"一带一路"沿线多样国情的复合型人才培养力度,为"一带一路"数字建设项目输出优秀的人才资源。加强网络和数字化教育投入,要尽快在中小学等各类教育中予以普及;企业也应积极开展数字化人才在职培训,提升全民数字化素养,支持"一带一路"各国数据储备、分析和应用能力建设。

六、数字"一带一路"建设的中国作用

截至 2017 年年底,中国互联网普及率已达 55.8%,超过全球平均水平 4.1 个百分点,网民人数 7.72 亿[1],数字经济占

---

[1] 中国互联网络信息中心第四十一次《中国互联网络发展状况统计报告》,中国互联网信息中心网站。

GDP 比重超过 30%，拥有全球最大的数据体量。据 2017 年中国工信部数据显示，中国数据总量还在以年均 50% 以上的速度持续增长，预计到 2020 年在全球的比重将达到 21%。

2015 年国务院发布《促进大数据发展行动纲要》，正式拉开中国大数据时代发展序幕。2016 年 7 月，中国印发了《国家信息化发展战略纲要》，提出用好国内国际两个市场两种资源、网上网下两个空间，建立中国—中亚信息平台、中国—东盟信息港、中阿网上丝绸之路，加强网络互联，促进信息互通，打造网上丝绸之路，主动参与全球治理，不断提升国际影响力和话语权，加快构建网络空间命运共同体。2016 年 12 月，中国出台《"十三五"国家信息化规划》，首次提出网上丝绸之路建设优先行动，作为中国未来五年的优先战略，网上丝绸之路的目标是到 2020 年与"一带一路"沿线国家形成基于跨境电商、数字贸易的多双边经贸合作的大通道。

目前，全球货物贸易增长放缓，数字化服务贸易正逐渐成为贸易增长的关键，全球将近一半的服务贸易是由数字技术驱动的。据商务部统计数据，近 10 年来中国跨境电商交易额年均增长一直保持在 30% 左右，其中出口额约占交易总额的 80%，可以说中国的数字经济正在迎头赶上，助推"一带一路"数字发展的新动能效应愈加显现。

企业是网络空间国际合作最直接的受益者与参与者，可以成为推动与沿线国家开展网络空间合作的核心力量[1]，也是数字"一带一路"建设的主体。阿里巴巴、腾讯、百度等互联网企

---

[1] 王义桅、郑栋：《加强"一带一路"网络空间国际合作》，《中国信息安全》2006 年第 3 期。

业以及华为、中兴、浪潮等云技术和高端服务器提供商,经过多年打拼,已经具备全球化视野和实力,在资金、技术、管理、运营和创新等方面优势日益显现,逐渐摆脱简单模仿,推出了一些极具国际竞争力的本土创新产品和服务,移动支付、跨境电商、共享经济已经成为中国数字企业"走出去"的"名片"。建设数字"一带一路"为中国企业"扬帆出海"提供了新的机遇。企业不但可以为"一带一路"沿线国家提供价优质美的数字产品和服务,还带动沿线国家数字创新和产业腾飞,在全球范围内共建共享数字经济红利。以支付宝为例,其对印度版"支付宝"Paytm进行投资升级,现在用户规模已经超过 2.2 亿人,成为全球第三大电子钱包。再如,e-WTP(Electronic World Trade Platform)作为中国建设"数字自由贸易区"的一个创举已成功在马来西亚落地,成为中国境外的首个 e-WTP 试验区,致力于打造一个物流、支付、通关、数据一体化的数字中枢,创造一个更加自由、创新、普惠的国际贸易环境,促进"一带一路"沿线国家跨境电商及数字经济的发展。

工信部发布《大数据产业发展规划(2016—2020 年)》,提出到 2020 年要培育一批大数据骨干企业、核心龙头企业和若干专业化的数据服务创新中小企业、大数据应用及服务企业。中国企业搭乘数字"一带一路"快车,在推动数字发展、实现数字共赢中可以更有作为。

9

智库话语权：

"一带一路""第二轨道"外交正逢其时

"一带一路"倡议是中国新时期全方位对外开放的重大举措，也是推动沿线国家和平合作、共同发展的中国方案。习近平主席在"一带一路"国际合作高峰论坛中提出"一带一路"沿线国家要加强智库对话，发挥智库作用，建设好智库联盟和交流合作网络。

大数据与智库建设的融合对于促进沿线国家经济社会发展、推进"一带一路"全球治理、提升沿线国家国际竞争优势、增进文明互鉴与民心相通等方面具有深远意义。

新时代背景下，结合"一带一路"智库建设的实际情况，针对"一带一路"大数据智库建设中存在的障碍，探索利用大数据技术为"一带一路"全球治理提供科学支撑的有力途径：完善大数据系统的建设，加强数据安全保障，加强支撑机制建设、提升智库运行的独立性与客观性。

随着逆全球化思潮涌动、孤立主义抬头、地缘冲突风险加剧、金融危机阴云不散,加之世界多极化、社会信息化、文化多样化不断推进,"黑天鹅事件"不断降临,当今世界一切都充满着不确定性,全球治理赤字日渐突出。在国际秩序和全球治理处于紧要关口的背景下,2013年,习近平主席协调内外、统筹陆海、兼顾东西提出了充满中国智慧的全球治理方案——"一带一路"倡议,通过强化发展战略互动、优势互补、区位对接,从而推动沿线国家和平合作、共同发展。智库作为现代治理体系的重要组成部分,目前已在许多重大决策与国际事务中都显示出智慧和力量,共建"一带一路",需要智库为其提供智力支撑。习近平总书记在"一带一路"国际合作高峰论坛上也强调,"一带一路"的互联互通工程需充分发挥智库作用,建立多层次合作机制与交流平台,为"一带一路"建设提供关键核心支持。这为"一带一路"智库的建设提供了广阔的发展空间和施展才华的舞台。

在全球经济社会进入数字化的时代,智库的建设面临着极大的挑战,同时也存在着巨大的发展机遇。大数据是一国基础性战略资源,也是实施"一带一路"国家互联互通建设需要充分利用的生产要素。通过构建大数据"一带一路"智库,可以深化沿线国家智库的交流合作,推动"一带一路"沿线国家科研合作和资源共享,提升智库的决策水平及公众影响力;利用数据智库的舆论动态监测能力,可加深对沿线国家民众诉求的了解,通过大数据智库为沿线国家的民众搭建一个交流沟通的桥梁,夯实民意基础。在"一带一路"相关政策、制度、贸易、金融、法律等层面打破各种数据孤岛之间相互隔离的瓶颈,深化"一带一路"责任共同体、利益共同体和人类命运共同体的发展道路。

鉴于此,基于大数据挖掘和思维提取的角度,结合"一带一路"智库建设中的实际问题,将研究的重点放在如何利用大数据技术为"一带一路"建设提供科学有效的智力支撑和战略指导上,以弥补智库建设"有库无智"的问题,探讨大数据时代智库发展的路径。

一、智库时代的到来

随着信息时代和知识经济时代的来临,全球化进程不断加速,各国政府在国家治理、国际交往中都面临着前所未有的挑战。作为前瞻性、战略性、对策性的"思想生产"工厂,智库是国家竞争"软力量"的核心,也是发展"硬力量"的智力支撑。智库的发展提升了政府决策的科学化、民主化水平,已经成为全球治理中不可或缺的政策建议源泉,也成为衡量一个国家软实力和话语权的重要标准。目前,智库整体呈现出蓬勃发展状态,一个崭新的智库时代已经到来。

(一)智库是社会发展的第四种力量

智库是学术研究和决策制定之间的纽带,能够将抽象的理论研究转化为政策制定者和社会公众易于理解、便于获得的语言,是当代社会的整合者与协调者,整合了政治家的战略、学者的思想、企业家的执行能力。随着社会问题越来越复杂多样化,更需要以系统观来分析和解决,智库作为一支融合的力量,具有人力、科研等资源优势,能与政府部门和社会公众在思想市场上形成一种良性的互补机制,智库的崛起突破了各方的局限性,将智力资源盘活起来。"中国特色新型智库"的使命是在"执行系统"之外建立一套"研究系统",为知识系统实现知识生产的整合。

(二)智库是国际关系的"第二轨道"外交

"第二轨道"外交是指在官方外交渠道之外,各利益相关方通过非官方平台开展某些政府不适合直接出面的且能够影响官方决策的跨国活动。随着经济全球化的深入推进,某个小角落出现的问题都触动着全世界的神经,可谓是"牵一发而动全身",人类也逐渐成为一个生存与发展的命运共同体。面对全球性的问题单靠一两个超级大国是难以解决的,需要联合全球力量和智慧,有着非官方背景的优势的智库恰好可以凭借其自身的灵活性在各国民间互动交流中开展"第二轨道"外交,提高在全球性议题设定和国际关系等方面的影响力,在幕后推动各国双边或多边合作。

(三)智库是"一带一路"建设的软力量

"一带一路"建设是中国中长期重要的发展倡议,是中国引领全球治理创新的伟大实践,"一带一路"倡议研究是智库建设的重大责任和使命担当,智库建设也迎来了重大的战略机遇期。

智库应在讲好"中国故事"、完善"一带一路"的倡议框架、细化实施路径、深化国情研究、加强风险评估等方面资政建言、创新理论、引导舆论。"一带一路"沿线国家的发展水平各异、历史传统不同、文化背景不同，制度条件也有差异，各国利益诉求多元，在政策沟通、战略对接和民心相通方面面临着艰巨的任务。在"一带一路"建设的实践探索中，一方面，智库需要在理念传播、政策解读、民意通达上做好桥梁和纽带，积极挖掘不同国家的资源信息价值，分享交流各自的治国理念、方针政策，打破思想隔阂，营造和谐的投资合作环境。另一方面，中国智库需要更好地了解国际上的"游戏规则"，在规划对接、政策协调、机制设计上做好政府的参谋和助手，为"一带一路"建设提供战略性和前瞻性的实施方案，以中国智慧、中国经验提升中国智库在国际社会上的话语权。

二、大数据智库建设让中国智库走向国际

（一）大数据时代重塑知识体系

大数据时代，数据资产已成为国家战略性资源。大数据技术致力于在庞大的数据中发掘数据间的关联与价值，在挖掘和分析中重构事物之间的线性关系，探索世间万物的运行规律，重塑人类的知识体系结构，并在此基础上指导社会实践。[①] 信息时代的竞争体现在国家对信息的搜集和分析能力的比拼，智库

---

① 罗繁明：《利用大数据推进新型智库建设》，《人民日报》2016 年 7 月 15 日。

的竞争力和影响力取决于对未来形势及走向的预判能力。新型智库的建设,必然要将大数据技术应用到智库决策分析和创新工具中,突破传统思维模式瓶颈,使其具有与大数据时代发展需求相适应的新功能。

(二)大数据创新智库建设

智库开展研究离不开大量的信息。对于智库而言,数据和信息的规模、活性以及收集、分析、运用的能力,将决定其核心竞争力①。新型智库的大数据应用体现在两个层面。一是以大数据为新型智库的支撑。中国特色新型智库需要具备功能完备的信息采集分析系统,提高智库对未来的预测和分析能力,使决策参考更具有科学性与前瞻性。二是提供大数据智库产品,比如利用云计算技术部署数据资源服务架构,整合智库研究资源,建设专题型数据库,将大数据产品运用到实践中,具体服务政府决策以及公众生活。

(三)借助大数据提升智库国际话语权

全球创新形态和竞争格局正在发生深刻变化,李克强总理曾提出,中国特色新型智库要善于运用创新思维,不仅要产出高质量的思想产品,更要提高其影响力。一方面,以大数据思维的运用为突破口,通过对数据的挖掘既可以有效地预测国内外焦点问题的发展趋势,也可以以定量与可视化的技术方法为决策参考提供科学合理的支撑,提高决策的战略性、前瞻性、科学性和针对

① 林跃勤:《新兴国家数字经济发展与合作》,《深圳大学学报(人文社科版)》2017年第4期。

性,引领舆论方向,从而提升智库品牌影响力。另一方面,中国特色新型智库建设在立足国情的同时,也要善于审时度势,抓住大数据时代新型智库建设的契机,争取"走出去"。搭建大数据网络服务平台,创新与国外高水平智库的交流方式;加强与国际性组织机构的合作研究、教育培训、会议对话等,提高与国际机构的互动性,将"中国方案"传播出去,向世界发出中国的声音。

三、"一带一路"大数据智库建设的重要意义

(一)促进沿线国家经济社会发展的"新引擎"

"一带一路"途经亚洲、欧洲和非洲等地区,沿线人口总数占全球总量的60%,贫困人口尤其是极端贫困线下的人口占到全世界贫困人口的50%。发展经济、改善民生是沿线国家普遍心愿,"数据驱动发展"渐成各国共识。建设数据"一带一路",大力发展数字经济,有利于利用大数据改造、升级传统产业,加快培育经济新业态、新模式,保持经济增长的活力。充分利用大数据,了解沿线各国的资源禀赋和经济社会的发展现状,高效对接各国发展合作需求,确立适合投资发展的产业、经济领域和项目,提高贸易和投资自由化便利化水平,从而推动沿线各地开展更大范围、更高水平、更深层次的区域合作,促进沿线国家经济社会民生的发展。

(二)推动沿线国家治理体系的"新途径"

"一带一路"沿线国家多为农业向工业化过渡期,农村城市

化伴随经济社会的转型,沿线国家智库之间的密切交流与合作,有助于整合不同国家的资源信息优势,交流互鉴治国理政经验,群策群力,积极探索符合自身国情的发展之路。借助大数据技术可以对海量、多样、动态、复杂的数据进行快速收集、深入挖掘、实时研判和有高效利用,深度集成国家政治、经济、社会、文化等各领域信息资源,稳步提高国家决策、服务、执行和应急管理能力,推动构建系统健全、科学规范、运行有效的国家治理体系,为社会转型期的"一带一路"沿线国家提供新的治理方案。

(三)提升沿线国家国际竞争优势的"新工具"

当前,大数据已经成为全球经济缓慢复苏背景下的产业亮点,以大数据为核心的新一轮全球竞争方兴未艾,主要国家围绕数字竞争力加紧全球战略布局。"一带一路"沿线国家要顺时应势,抓住时代机遇,善用大数据新工具,创新资源配置方式,努力突破时空限制,实现资源在沿线各国乃至全球按需、即时、灵活调配,降低交易成本,提升竞争力。建设信息丝绸之路,构造以信息流、数据流带动技术流、资金流、人才流和物资流的合作网络,为提升产业链、创新链积累竞争优势。

(四)促进文明互鉴、增进民心相通的"新模式"

丝绸之路是沿线各国共同的历史记忆,"一带一路"倡议唤起了各国对丝绸之路的深厚情愫。"一带一路"作为目前世界最受欢迎的公共产品,需要关注人文交流。民心相通更是"一带一路""五通"建设的难点、重点,在此方面,智库可以发挥积极作用。"一带一路"沿线各国文明文化多样、意识形态各异,思想难免会有隔阂,通过大数据智库可以实时进行舆论动态监测,准确掌控沿线国家对"一带一路"项目实施的进展;基于大数据信息交流平台,可进行信息共享、对话沟通、舆论发声以此促进接纳他者异己性,使公众深入全面认知各国的利益诉求和情感诉求①,消解沿线国家对"中国方案"的误读误判,缩小国家间的认知差距,凝聚共识,增强沿线民众对"一带一路"倡议的熟知度和认同感。

四、"一带一路"大数据智库建设的思路

(一)大数据共享思维有待树立

"一带一路"沿线国家传统治理思维和体制短期内难以改观,大数据治国理政和服务经济社会发展意识尚待确立。随着全球信息化进程的加快,大数据将成为一种取之不尽用之不竭的资源,驱动各行业的发展,需深挖大数据的价值,实现全球化应用。而就目前来说,"一带一路"发展大数据所需信息资源匮乏,沿线国家政局形势、经济水平、社会发展、网络商情、可投资性、舆论认可度等巨量大数据有待集成、掌握、整合并分析运用。大数据往往呈现非结构化和碎片化的复杂状态,数据价值密度较低②,虽然智库蓬勃发展,类型众多,但各国数据发展水平不

---

① 宋忠惠、郑军卫:《支撑智库研究的信息源建设策略》,《智库理论与实践》2016年第3期。

② 施炳展:《互联网与国际贸易——基于双边双向网址链接数据的经验分析》,《经济研究》2016年第5期。

均,甚至不同地区数据发展也不均衡。究其原因之一是智库间的数据共享存在众多障碍,这就造成数据资源分散、有效利用率低,进而降低决策咨询的科学性及影响力。信息的来源广度及数据库的容量是智库生存的血液,实际上,决策的制定就是整合各方信息而对事物发展作出预测和判断。

(二)大数据基础设施有待加强

大数据并非无源之水。互联网是大数据赖以运行的主要基础设施。与发达国家相比,"一带一路"沿线国家网络设施、技术和网速也存在较大差距。大数据基础设施落后制约数据"一带一路"发展。国际电信联盟 2015 年发布的数据表明,发达国家大部分入门级固定宽带速度维持在 5Mbit/s,发展中国家的速度为1Mbit/s,由表 1 可知,将近一半的"一带一路"沿线国家其网速在0—1Mbits/s 区间,这很大程度上降低了信息的流通效率。而家庭电脑普及率相对较高,56.3%的国家家庭电脑普及率在50%以上,平均普及率为 49.03%(参见表 2、表 3)。但相对于家庭电脑普及率而言,固定宽带接入互联网的普及程度普遍较低,沿线 64 个国家的固定带宽普及率均没有超过 50%,且平均普及率仅为 11.51%(参见表 2、表 3)。

表 1 "一带一路"沿线国家宽带接入速度各区间占比分布情况

网速区间(Mbits/s)	0—1Mbits/s	1—5Mbits/s	5—100Mbits/s
国家个数(个)	30	24	10
所占比例(%)	46.88	37.5	15.63

表2　电脑普及率和固定宽带普及率对比情况

普及率区间	0—25%	25%—50%	50%—75%	75%—100%
电脑普及率各区间国家(个)	21	7	20	16
所占比例(%)	32.8	10.9	31.3	25
固定宽带普及率各区间国家(个)	55	9	0	0
所占比例(%)	85.9	14.1	0	0

表3　"一带一路"沿线国家信息基础设施应用普及情况（单位:%）

信息设施普及率	固定电话	移动电话	家庭电脑	固定宽带	移动宽带
平均普及率	15.87	121.6	49.03	11.51	45.01

数据来源:杨道玲、王璟璇、李祥丽:《"一带一路"沿线国家信息基础设施发展水平评估报告》,《电子政务》2016 年第 9 期。

（三）大数据安全难题有待破解

数据安全是数据"一带一路"顺利推进的基石。随着信息科技的不断进步,滥用信息、侵犯隐私、网络诈骗、窃取商业秘密甚至危害他国信息安全等大数据运行方面的问题时有发生。大数据时代,数据信息越来越公开化,尽管将原本看起来碎片化、毫无意义的数据联系在一起处理,会挖掘出新的数据价值,但是挖掘数据价值的过程中,数据安全、整个机构的数据库安全乃至数据来源的可靠性问题存在着不可小觑的隐患。此外,智库的数据库之中包含有智库成果相关资料、研究员的个人隐私和研究规划等信息,防止这些信息泄露也是摆在智库面前不可绕开的问题。平衡把握推进数据开放共享与维护数据安全关系是数据"一带一路"发展的重要保障,也是建设好、发挥好数据"一带一路"作用的关键。

(四)成果转化和对外合作机制有待完善

智库研究成果的转化效率关系着智库服务于"一带一路"决策支撑作用的程度。大数据思维伴随着智能终端设备的广泛应用,新媒体蓬勃发展,信息爆炸式传播,也使得人们获得信息资源的途径越来越多样化。"酒香不怕巷子深"式的成果传播理念在这个高速信息化的时代已是明日黄花,智库研究成果能够否得以在"一带一路"沿线国家地区推广和接受,这对智库内部的运作机制提出了不少挑战。目前,一方面,由于智库缺乏高效畅通的智库成果编发机制,致使智库难以高效输出实效性的科研成果。另一方面,"一带一路"战略规划对接方面存在不足,难以实现智库研究成果的有效转化,经济效益和社会效益较差。同时,智库普遍缺乏对外合作机制与对接平台,无法促进与沿线国家构建顺畅的沟通渠道和磋商机制,无法形成良性竞争与合作环境,也不利于中国"一带一路"智库"走出去",智库的国际交流能力有待进一步提高。此外,"一带一路"智库产品品牌塑造意识不强,对外推广渠道闭塞,在一定程度上也削弱了智库的决策影响力与话语权。

(五)运行独立性与客观性有待提高

智库的独立性是智库产生高质量研究成果和建立政策影响力的前提和基础,也是评价智库是否成功的最重要因素之一。如何达到并保持独立性以形成能够影响决策的见解和意见也是所有智库都面临的相同挑战。国内外大多数智库在政府部门

"父爱主义"的笼罩下生存,无法施展其应有的才能。一方面,被视为政府"外脑"的智库为政府部门的决策咨询提供了科学支撑,政府对自身决策咨询机构和官方智库十分信任,使得这些智库在一定程度上降低了对自身的要求,从而很难生产出创新性强的智库成果。另一方面,由于其生存发展受到上级政府主管部门影响,在人事任免与资金来源方面对政府依附程度较高,智库在政策制定过程中缺乏独立性,也降低了智库研究成果在社会大众中的信服力。

五、"一带一路"大数据智库建设的途径

(一)加强智库顶层战略设计

"一带一路"智库建设应加强顶层设计,进一步明确自身战略定位。首先,要立足社会发展实际,强化问题导向意识,及时将国际重大现实问题与以往注重的学术理论研究结合,做到能够服务决策、适度超前,提升智库的政策影响力和国际话语权;其次,科研方法的创新也是"一带一路"智库需要注重的方向,充分利用大数据资源及现代信息技术,尤其在建设信息采集分析系统和决策模拟数据库等方面作出努力。"一带一路"建设需要运用大数据进行科学规划实施,从战略高度和长远角度抓紧布局数据"一带一路"发展规划;坚持共商、共建、共享原则,建立"一带一路"大数据交流平台,实现资源共享,促进互动交流,凝聚发展共识;鼓励"一带一路"沿线国家将大数据战略纳入本国、本地区经济社会发展规划,制定促进大数据发展的政策

举措,实现协同发展;最后,需推进智库运行管理机制创新,建立一套能够真正服务政府决策和社会发展大局,同时又具有突出特色的智库管理机制和运行机制。

(二)加强智库基础设施建设与保障

1. 完善大数据系统的建设

要大力推动以互联网为主要载体、以大数据软硬件和机制建设为纽带的大数据基础设施建设,着力形成技术先进、产业发达、应用领先的大数据体系。通过"一带一路"互联互通工程的建设,航天、通信类企业在"走出去"的过程中为"一带一路"大数据系统的建设提供基础设施支撑。我们也需要本着自愿、平等、互利的原则,积极构建以大数据为核心的产业链和价值链,鼓励沿线国家整合基础性大数据资源库,努力实现网络互联、信息互通、数据共享。

2. 加强数据安全保障

大数据"一带一路"智库要着眼夯实数据"一带一路"建设安全保障,既要考证数据来源可靠性与真伪性,又要加强信息系统的革新。提高智库在金融、贸易方面的风险控制和监管数据管理上的能力,以便在保证安全的前提下提高"一带一路"相关大数据的吞吐能力。完善"一带一路"大数据交易、流通和监管机制,共同打造有利于数据"一带一路"发展的良好生态体系。除此之外,也要平衡数据跨境流动与保护个人隐私、企业秘密和国家安全之间关系,提高沿线国家数据掌控能力,逐步形成权责分明、保障有力的数据"一带一路"安全架构。

（三）加强支撑机制建设

1. 开放的交流管理机制

发挥智库作用，设立大数据服务"一带一路"专业咨询机构，开展跨境流动等数据治理、大数据国际标准制定等研究，加强前瞻性、战略性和总体性决策咨询服务。建设数据"一带一路"多元合作平台，着力构建多领域交叉、深层次融合的智库协作机制，不断创新智库合作的渠道。此外，需要加强国际化智库人才培养，一方面需要加强与沿线国家研究人才进行互换培养，建立沿线国家智库博士后流动站制度，实现智力资源的互联互通；另一方面也需尝试建立符合中国国情的"旋转门"制度，推动公共决策部门与智库人员进一步更深层的交流，促进政府人员与科研人员的转化，建立人才大数据智库，扩大智库"智囊团"的脑容量，保持活力的生命线，为创新思维的培育和"一带一路"决策咨询科学化提供条件。

2. 多元的资金筹集机制

智库的良好运转需要充足的资金作为支撑，资金的来源关系着智库成果质量的高低，同时也与研究的独立性和灵活性息息相关。目前，智库建设的经费大部分来源于国家财政，资金来源渠道单一，对智库发展的保障性较低，从国际经验来看，可通过设立基金或基金会的方式，谋求长期而稳定的资金支持，比如设立数据"一带一路"专项基金，加大智库的研发投入和应用推广。另一方面，可以采用灵活的方式与学校、政府、公司、社会团体和个人等展开合作，扩大利益共通点，从而促进资金筹集渠道的多样化，得到多领域多方位的支持和资助。

3. 高效的成果管理机制

高效顺畅的智库成果编发体制,可以保障智库输出富有实效性的高质量研究成果。"一带一路"智库的建设应重视思想和研究成果的推销和传播,根据不同的智库产品定位,统筹传统媒体和新媒体,制定最适合的宣传方案,最大限度地实现经济社会效益。比如在期刊、研究报告、书籍等出版发行学术权威性的成果;借助移动互联网、APP 等新媒体推送前沿快讯,掌握话语先机。在成果的推广与宣传过程中,中国智库可以运用数据可视化技术,将数据分析结果及重要结论以图形的形式加以反映,以便可以迅速抓住受众的关注焦点,进行有效的信息互动与传播。除此之外,智库成果在转化中要注重品牌的塑造,提高智库核心竞争力,进一步通过引导舆论和社会思潮以提高国际影响力和话语权。

(四)提升智库运行的独立性与客观性

1. 灵活应对"父爱主义"影响

一个具有社会影响力的智库需要具备独立性的研究和通畅的政治沟通渠道。智库应灵活应对"父爱主义"影响,学会如何依赖于政府而又独立于政府,保持和政府的良好关系。智库应在与政府的深层次、多方位交互中找出如何发挥智库对政府的影响力与保持智库研究的独立性之间的最佳平衡点[①]。依托大数据的实时性与精准性为政策制定和公众咨询提升引导力,扩大智库的决策影响力。

---

① 陈东琼:《习近平全面深化改革的理论话语述论》,《深圳大学学报》(人文社科版)2016 年第 33 期。

2. 增强智库发展的内生力

大数据智库的建设与发展,应有清晰明确的研究领域和方向,保持研究的独立性与客观真实性,提升其内生力。一方面加强智库专业化发展,明确智库定位,有重点有针对性地提升影响力。加强对数据信息的利用和整合,借助大数据对专业性问题开展综合性全方位系统性研究,通过智库的专业性、科学性来影响政府决策。另一方面推动智库国际化发展,立足全球视野,瞄准重大问题,前瞻性地设立"一带一路"科研课题,提高智库国际化发展的自主性,带动智库、政府部门、社会组织等利益相关方积极参与课题研究。组织开展"一带一路"国际研讨会,构建"一带一路"沿线智库网络协同平台,推进信息共享,凝聚研究合力,提升引导国际话语方向的能力,促进"一带一路"智库国际化发展。

10

国际话语权：

"一带一路"并非"从零开始"

地缘政治斗争加剧，全球权力格局多层面转移，新兴技术引领传播领域深刻改变。新时代，以"一带一路"为代表的中国全球治理方案既要在中国故事中有所体现，中国也要通过"一带一路"发出更有穿透力的中国声音。

党的十九大报告提出，坚定文化自信，不断增强意识形态领域主导权和话语权，提升国家文化软实力。习近平总书记在中央全面深化改革领导小组第三十次会议上指出，软力量是"一带一路"建设的重要助推器。

"一带一路"并非"从零开始"，拓展智媒传播渠道，推动国际话语权建设，讲好"一带一路"故事，提出中国主张。应该树立学术自信、构建学理体系；树立社会主义媒体自信、打造国际化融媒体平台；树立文化自信、践行文明互鉴，为"一带一路"建设提供有力的理论支撑、舆论支持、文化保障。

一、新时代：国际话语权是"一带一路"建设的催化剂

国际话语权对一国树立国家形象、提升国际影响力、参与全球治理起着重要作用。"一带一路"倡议是中国在新的历史条件下，立足国内、放眼全球提出的全方位对外开放的重大举措，是推行互利共赢的重要平台，受到"一带一路"沿线国家热烈响应和国际社会高度关注。习近平总书记指出，推进"一带一路"建设，要切实推进民心相通，弘扬丝路精神，推进文明交流互鉴，重视人文合作。要切实推进舆论宣传，积极宣传"一带一路"建设的实实在在成果，加强"一带一路"建设学术研究、理论支撑、话语体系建设。[①]"一带一路"建设并非从零开始，发展国际话语权就是为"一带一路"建设添加催化剂。

"一带一路"倡议提出以来，同 80 多个国家和地区签署合作协议，同 30 多个国家开展机制化产能合作；发展海陆空通道和信息高速网络，形成复合型基础设施网络；发起成立亚投行，覆盖五大洲金融合作网络初具规模；文教活动广泛开展，夯实"一带一路"建设民意基础。新时代，"一带一路"倡议翻开中国故事新的一页，也需要通过拓展智媒传播渠道，发展国际话语权

① 习近平：《习近平谈治国理政》第二卷，外文出版社 2017 年版，第 505 页。

获得理论支撑、舆论支持和文化保障。

二、新机遇:国际话语权建设 借力全球政治经济变局

马歇尔·麦克卢汉在 1967 年提出的"地球村"预言早已成真。人工智能、物联网、大数据、云计算等高新技术进一步推动全球化进程,中国与世界的交往更加密切。2016 年迎来"智媒元年",技术的创新将更加深刻影响国际传播领域。从纵向的历史来看,世界多极化、经济全球化、文化多样化日益加深;从横向的发展看,金融危机爆发以来余威不减、中东局势动荡不安、"金砖国家"崛起、特朗普美国优先政策、英国脱欧,全球权力格局的转移正在多个层面展开。全球政治和经济领域的变局,或许将成为打破"西强东弱"的国际话语格局的缺口。

(一)长期以来,以美国为主的西方国家控制着国际议题设置,形成"西强中弱"的国际话语格局。"棱镜门"暴露了美国人权、民主的虚伪性,正是话语权弱势国家打破话语权格局的机遇

国际话语权是衡量一国国际地位的重要指标,斗争日趋严峻的地缘政治也正成为推动全球传播业转型和话语权格局转移的重要因素。20 世纪 80 年代以来,由于"世界信息传播新秩序"运动的挫败和社会主义阵营的现实困难,以美国国家政策开路,以美国媒体巨无霸为先锋,全球传播业经历了以全球化、

自由化、商业化和私有化为核心的新自由主义转型。① 长期以来以美国为主的西方国家控制着国际议题的设置，形成"西强东弱"的国际话语格局。在全球传播领域，以维护"新闻自由""网络自由"之名极力维护其霸权地位。2013 年斯诺登向《卫报》和《华盛顿邮报》披露美国国家安全局自 2007 年起实施的绝密电子监听计划、"棱镜计划"（PRISM）。美国人权、民主的虚伪性暴露无遗，国际社会一片哗然。美国信息传播霸权地位开始受到质疑和反抗，现阶段正是话语权传统弱势国家积极发展本国话语权的最好时机。

（二）新技术和新媒体在国际传播领域广泛应用，中国经济进入新常态，在互联网"下半场"，让世界"复制"中国模式成为可能，迎来话语权发展的转机

技术创新引领国际传播领域变革，一切物品都可能传递信息，为中国发展国际话语权带来转机。AI（Artificial Intelligence，人工智能）和 VR（Virtual Reality，虚拟现实）等新技术和直播、短视频等新的媒体形式在各领域广泛应用，为改变国际传播中话语权垄断现状提供了机遇。反观国内，中国经济发展进入新常态，党和政府着手推进供给侧结构性改革，从追求 GDP 的数字，转而寻求经济增长的新模式。从"互联网"到"互联网+"，在经历了依靠人口红利求发展的"上半场"以后，中国互联网将寻求改变。进入"下半场"，技术创新、模式创新，精耕用户、发掘用户价值成为主要议题。新政策的提出和市场的发展趋势给我

---

① 赵月枝：《什么是中国故事的力量之源——全球传播格局与文化领导权之争》，《人民论坛》2014 年第 24 期。

们发展国际话语权带来了启示。过去,中国多从海外复制传播理论,引用外媒的舆论议题,以西方标准衡量文化艺术。在下半场,理论本土化,由中国来设置世界议题,树立文化自信,让"从中国复制"成为世界新流行。

三、新挑战:国际话语权发展现状

当今中国的崛起,使国际社会有获取中国信息的强烈需求,面对愈演愈烈的"唱衰"和"捧杀",中国也有澄清和回击的必要。美联社、路透社、英国广播网(BBC)、美国有线电视新闻网(CNN)等西方媒体具有全球传播的强大影响力,在全球传播体系中掌握了发布中国新闻,塑造中国形象的主动权。在政治、经济势力的支配下,西方话语强权善于塑造一个他者形象的"中国"。屡屡出现"中国威胁论""中国责任论""中国必胜论"等,甚至有人将"一带一路"倡议比作中国版的"马歇尔计划"。究其原因,是国际话语权不足,缺乏学术自信、媒体自信、文化自信。

党的十八大以来,党中央高度重视弘扬传统文化,树立文化自信,推动文化"走出去",发展国际话语权。随着《关于实施中华优秀传统文化传承发展工程的意见》《关于进一步加强和改进中华文化走出去工作的指导意见》等政策、法规的出台,文化体制改革进一步推进,突出方向引领,确保两个效益相统一。中国的文化事业、对外文化传播有了新发展。习近平主席在联合国日内瓦总部、达沃斯世界经济论坛 2017 年年会发表主旨演讲。2014 年 APEC 峰会,2016 年 G20 峰会,"一带一路"国际高峰论坛和 2017 互联网大会等主场外交活动成功举办。中国国际电视台、中国环球电视网、人民日报中央厨房、新华社全媒体报道平台相继建成,媒体融合发展势头强劲。

近五年,中国整体形象稳中有升。美国权威调研机构皮尤研究中心的调查显示,跟 2016 年相比,海外对中国的积极评价上升了 10 个百分点。同时《中国国家形象全球调查报告》表明,海外对中国的"负责任""文明""开放"认同度比较低,仍有约 30%的人认为中国不稳定、偏保守。海外民众眼中的中国文化的代表元素依旧是中医、武术、饮食,而对中国的文学、影视作品知之甚少。"党媒""官媒"作为"中国声音"的权威发声缺乏新时代中国特色社会主义媒体应有的自信,传播主体单一化不能形成"立体声";"故事"取材上,新闻和文化不能并重,缺乏人民性的"软内容";传播的渠道虽然多,但符合特定受众审美和习惯的专业化媒体平台却很少。

(一)理论本土化不足,智库力量薄弱,中国特色政治话语在国际传播中还面临巨大挑战,亟待建设国际一流智库

发展国际话语权离不开学理体系建构和智库力量的投入。传播学作为一件舶来品来到中国,国内新闻传播的理论基本沿袭了西方传播学理论。传播学本土化不足,并没有形成具有中国特色的"中国式传播"。近年来,创设了一些中国特色名词来阐述中国理论,我们提出的"经济发展新常态""'一带一路'倡议""人类命运共同体"等重要理论就是很好的示范。但是中国特色的政治话语在国际传播中还面临巨大挑战。当前全球前沿的观念创设和舆论引领方面,智库有重要作用和巨大发展空间。

学界的失语就等于放弃了话语权的主战场。需要注意到,"唱衰说"和"捧杀说"这些论调往往最先出自西方学者、智库,其影响比官方报道更广泛更深刻。而中国在建设国际一流智库上与发达国家还存在着较大差距。

(二)渠道布局有所突破,媒体自信尚显不足,中国媒体不能缺席国际舆论场,应建设具有全球影响力的官方外宣媒体平台

社会主义媒体不应缺席国际舆论场。经过多年建设,由中国国际广播电台、中央电视台的国际频道等传统媒体,与人民网、新华网等网络新媒体组合的对外传播体系初见规模。2016年12月31日中国国际电视台(中国环球电视网)开播,有望打造成为中国面向国际传播的主流媒体平台。新华社、央视网等主流媒体在 Facebook、YouTube 等国际知名社交媒体上开设统一官方账号,国际关注度有所提升。目前,全世界 80% 的新闻来自四大西方主流通讯社,95% 的传媒市场被西方 50 家媒体跨国公司占据,外国民众主要通过西方主流媒体了解中国。西方社会抨击中国媒体"宣传味太浓",缺乏"新闻自由",从根本上说,是中国媒体缺乏新时代中国特色社会主义媒体的应有的自信,没有在国际舆论场上占有一席之地。

(三)民心相通离不开文化相通,内容取材原创性不足,对传统文化的关注和萃取不够,须塑造有全球影响力的"中国符号"

民心相通还需要文化相通。在文化交流层面,中央民族乐团

《又见国乐》登上世界舞台,曹文轩和刘慈欣分别荣获"国际安徒生奖"和"雨果奖"。"四海同春""感知中国"等文化交流成为品牌项目,各种民间的文化交流活动日益增多。优秀国产电视剧出口 46 个非洲国家,多个电视剧知识产权(Intellectual Property,IP)成功输出韩国,出口剧目更多,类型更丰富。合拍纪录片发展良好,题材更多元。但是新闻和文化的内容取材原创性不足,宣传味过重。文化产业从业人员对中华优秀传统文化的关注和萃取不够,文化自信不足。例如,"花木兰"和"功夫熊猫"来源于中华传统文化,却是迪士尼和派拉蒙的产物,在国际电影市场取得高票房,同时也赋予了这两个形象一些西方国家的意识形态。在影视作品中塑造有全球影响力的"中国符号"尚属空白。

四、新路径："一带一路"国际话语权的提升

习近平总书记强调真正要建成"一带一路",必须在沿线国家民众中形成一个相互欣赏、相互理解、相互尊重的人文格局。要重视和做好舆论引导工作,通过各种方式,讲好"一带一路"故事,传播好"一带一路"声音,为"一带一路"建设营造良好舆论环境。① 塑造当代中国最真实的形象就需要我们遵循新闻传播规律,创新方法手段,建立对外传播话语体系,增强国际话语权。学界在参与话语体系建设时要善于提炼标识性概念,打造易于为国际社会所理解和接受的新概念、新范畴、新表述,引导国际学术界展开研究和讨论;党的新闻舆论工作要"联结中外、沟通世界";"一

---

① 习近平:《习近平谈治国理政》第二卷,外文出版社 2017 年版,第 502 页。

带一路"民心相通还需文化相通。

(一)"一带一路"话语的理论支撑——创设"一带一路"理论,占领学界舆论阵地,发展多学科交叉研究

"一带一路"国际话语权建设,首先要有学理支撑。由政府、学界、民众组成的"传播共同体"中,学术界是最需要发声的主体。在解读"一带一路"倡议、构建"一带一路"理论上,学术界最有发言权。学者、智库在话语体系建设工作上有巨大的责任和广阔的发展空间。首先,要创设"一带一路"相关理论解释"一带一路"倡议,要由"一带一路"的实践和成果升华"一带一路"理论。其次,学者、智库应占领学界舆论的阵地。主动设置议题,引导学术界研究和讨论;建立权威评价体系,展示中国理论界的自信;主动回应质疑,发出中国理论界的强音。最后,注重发展传播学、心理学、语言学的交叉研究。中文是一种高语境的语言,我们的政治话语在国际传播上要反复推敲。"翻译官"要做好传播中国声音的"译码者"。另外对外宣人员提出高要求,不仅要做"翻译家""传播学家"还要做"心理学家",理解受众心理,解决跨文化问题。

(二)"一带一路"话语的舆论支持——转变观念优化布局,走"群众路线",在国际舆论场彰显权威,做好"把关人"

"一带一路"国际话语权建设,需要党的新闻舆论工作在国际舆论场上提供舆论支持。外宣旗舰媒体是党和人民的媒体,既承担着做好党的新闻舆论工作的重要任务,又肩负着弘扬中国文化的责任,代表了人民的声音。互联网思维下,打造外宣旗

舰媒体不能停留在经营传统媒体的思路上，要运用大数据思维，优化战略布局，加强渠道建设，提升大数据处理分析能力。我们在新闻传播领域也要走"群众路线"。通过创新制度、创新理论、去商业化和优化管理，落实中国最广大人民的知情权、表达权、参与权和监督权。社会主义媒体在国际舆论场，要领先、权威、深刻地发布党和国家的方针政策，要有指引、有高度；实时、准确、全面地报道新闻事件，要有观点、有深度；及时、有力、从容地回应国际上的质疑，做到有事实、有态度。在文化传播方面，做好"把关人"和"过滤者"。鼓励国内资本进入国际文化市场，给优秀的文化相关产品提供国际化的媒体平台，为优秀传统艺术、国产电影电视剧走向世界创造更多机会。

（三）"一带一路"话语的文化保障——树立文化自信，践行文明互鉴，加强人文交流，创建文明互鉴的新模式

"一带一路"国际话语权建设，为"一带一路"建设提供文化保障。"一带一路"沿线国家历史、文化、信仰各不相同，需要避免文明冲突，建设良好民意基础，发展文明互鉴的新模式。首先，文化相通要有文化自信。中国自信源于中华优秀传统文化、革命文化和社会主义先进文化，是中华民族独特的精神标识。"一带一路"建设更要坚定丝路文化，传播中国"和"文化。其次，不同文化要在交流互鉴中发展。讲好丝路历史，加强与沿线国家的文化沟通，让"一带一路"成为多样文化交流的平台，打破隔阂、增加互信。另外，开展全方位的人文交流，进一步落实《"一带一路"文化发展行动计划（2016—2020年）》，凸显民间组织的主体作用。最后，创作有温度的"一带一路"故事，深入

基层,小处着手,通过以人民为导向的文化艺术作品,让外国民众增进对"一带一路"的认识、对中国文化的了解。

(四)"一带一路"话语的渠道建设——助力新媒体海外发展,借力"互联网+",拓展"他说"渠道

"一带一路"国际话语权建设,应当建立向国际传播的渠道。互联网逐渐变为一种基础设施,正在重新定义传播规则和格局。第一,要助力新媒体海外发展。中国的新媒体尤其是社交媒体的企业国际化程度较低,现在仍有 62% 的海外民众通过当地的传统媒体来了解中国,通过新媒体来获取中国消息的年轻受众却日益增多。[①] 推动企业海外布局,吸引更多青年受众十分重要。第二,需要借力"互联网+"思维,拓展"一带一路"的传播媒介。2017 年"一带一路"沿线的 20 国青年把高铁、移动支付、共享单车和网络购物评选为中国的新四大发明。随着"一带一路"倡议的提出,中国企业正在深度融入"一带一路"沿线各国。中国产品和中国企业将成为一种新的媒介,成为展示中国形象的一张张名片。此外,拓展"他说"渠道,中国的日益开放,外国人在中国生活,也应成为传播中国形象的大使。

---

① 中国外文局对外传播研究中心、华通明略、Lightspeed GMI:《中国国家形象全球调查报告 2015》2016 年 8 月 29 日。

11

海上通道：

"一带一路"安全体系的关键部署

　　当前，中国经济已形成"两头在外、两头在海"的运行格局。对外贸易运输量巨大，且地区分布相对集中，加之海域的封闭或半封闭性特点，中国海洋运输对马六甲海峡等海上通道的依赖程度远高于其他国家。由于尚未构建起与自身经济实力和现实需要相匹配的海上安全保障体系，中国海外供应链暴露于多种安全威胁之下，使国民经济体系潜伏安全隐患。

　　基于对中国所拥有的战略资源的综合考虑，对海上通道安全的保障提出"以合作化解风险，以威慑保障安全"的总体思路，即以建构中美"新型大国关系"为中心，大力推进与美国、俄罗斯和航线周边国家在战略及各事务性领域的合作，同时沿南海、印度洋方向进行预防性战略部署。

一、海上通道事关中国经济的"生命线"

自改革开放以来,尤其是加入世贸组织后的十多年,中国已逐步发展为世界工厂,国际市场和对外贸易对中国经济的支撑作用日渐明显。当前中国经济的对外依存度已高达60%,对外贸易运输量的90%是通过海上运输完成的,世界航运市场19%的大宗货物运往中国,22%的出口集装箱来自中国。中国经济已是高度依赖海洋的开放型经济。2014 年,中国货物进出口总额高达 43030 亿美元,其中出口总额 23427 亿美元,进口总额19603 亿美元,三者分别比 1978 年增加 207 倍、240 倍和 183倍。国际市场已成为中国获取各种原料、设备和技术等稀缺资源的重要来源。目前,中国直接或间接从事对外贸易的从业人数约 2 亿人,约占中国全社会就业总人数的1/4。

通过运输实现商品位移是完成贸易的基本条件,全球海陆空间和经济活动分布的基本格局,以及各种运输方式的自有特征,决定了海洋运输在世界货物贸易运输中的核心地位。中国已开辟出 30 多条远洋运输航线,通达世界 150 多个国家和地区的 1200 多个港口,它们共同搭建起中国海运体系的基本框架。由于中国对外贸易运输量巨大,且地区分布相对集中,加之海域的封闭或半封闭性特点,海洋运输对海上通道的依赖程度远高于其他国家。中国所有的远洋航线中,均无例外地要穿越一些世界重要的海上通道。通往中东、非洲和西欧的货物运输严重依赖马六甲海峡、霍尔木兹海峡、曼德海峡和苏伊士运河等通道；通往澳大利亚和东南亚的货物运输严重依赖巴士海峡、巽他海峡和龙目海峡；通往日本、北美和拉美的货物运输均要穿越琉球诸水道，通往北美和拉美东部的货物运输还需经过巴拿马运河；北上通往俄罗斯远东、韩国和日本西海岸货物运输严重依赖朝鲜海峡。海上通道构成了中国经济的"生命线"

二、中国海上通道安全面临严峻挑战和威胁

（一）美国封堵中国海上通道意图日显

在冷战期间，美国曾试图凭借两条岛链和东亚"辐轴式"同盟体系，封堵中国东进和南下战略通道，并把中国的战略空间压缩在欧亚大陆东缘范围内。进入 21 世纪，中国和平发展已形成不可逆转的态势，美国加大了对中国战略遏制力度，海洋也随即成为中美全球博弈的重要战场。2009 年，奥巴马政府推出了"亚太再平衡"的战略设想，计划到 2020 年把 60% 的核潜艇、一半的核动力航母部署到西太平洋，并联合日本和东盟某些国家构筑针对中国的"新月形战略包围圈"。2010 年美国政府推出"空海一体战"学说，主张联合亚太同盟国家，整合海空军战力，构建一个由天基平台、空基平台和海基平台为要素的多层次立体作战体系，通过在西太平洋组织实施战役级别的作战行动，摧毁区域性对手（中国）的"反介入"作战能力。特朗普的亚太政策，目前正在向"印太战略"转变，实质看来，仍会延续奥巴马政

府重返亚太之势。

(二)海上通道周边地区局势复杂动荡

在当今亚洲国际体系中,日本和印度均是具有一定行为能力的区域性大国,与中国有着类似的结构位置和相互重叠的战略空间,因此都有在海上排挤中国势力的战略意愿。两国在地理位置上分别扼守着中国进入太平洋和印度洋的战略门户,拥有威胁中国海上通道的先天禀赋。两国都强化了与美国的海上安全合作和全方位战略合作,并制定了以防范中国为主要动机的海洋控制战略,极大压缩了中国海上利益范围和防御纵深。加之,中国的远洋航线,尤其是最重要的西行航线,基本上是沿着欧亚大陆外围地带穿行的,这与民族宗教矛盾复杂、热点问题众多的"世界动荡之弧"在空间范围上基本吻合。在西亚波斯湾地区,伊朗在外部苦逼之下多次发出关闭霍尔木兹海峡的威胁;在东南亚,美国不断鼓吹中国威胁,挑唆菲律宾等东盟小国与中国争夺海洋权益,使中国南海门户安全可能因战争而受损害;在东北亚,美国利用朝鲜问题和中日矛盾大做文章,反复刺激朝鲜和日本,使区域紧张局势不断升级,给朝鲜海峡、琉球诸水道等中国海上门户通路制造安全压力。

(三)多种非传统安全威胁日益凸显

海上恐怖主义和海盗行为是对中国海上通道最大的非传统安全威胁。尼日利亚沿海、红海、亚丁湾、孟加拉湾、马六甲海峡和南海等海域,是当今世界海盗活动最为频繁和集中的地区。对于西行航线上的大多数中国船只来说,这些"恐怖水域"都是必经之地。据国际海事组织统计,每年发生在亚洲公海的海盗及劫船事件占到世界同类事件的70%以上。其中,发生在南海和马六甲海峡的事件就占世界的30%—60%,每年超过1000起。过去几年来,中国船只曾频频遭海盗和海上恐怖主义袭击,并蒙受重大损失。另外,随着世界反恐战争的推进,恐怖分子袭击海上目标的倾向性越来越强。

三、保障中国海上通道安全的总体思路

(一)以合作化解海上安全风险

1.积极寻求与美国的海上安全合作

积极主动寻求与美国建立海上安全伙伴关系,在两国具有共同利益、面对共同威胁的领域如打击海盗和海上恐怖主义,以及海上非法移民和毒品走私等方面深化安全合作;进一步深化经贸领域的合作,通过利益捆绑机制,抵消美中双方在某些领域的利益冲突;以非传统安全领域合作为切入点,不断创造和开拓军事安全领域的合作,逐步增强战略互信,避免战略对抗;充分利用中美外交安全高级别对话机制。

2.深化与俄罗斯的海上战略协调

中俄两国应加强在全球和多边框架中的磋商:一要扩大俄对华石油出口计划,开辟陆上石油运输路线,包括改造或新建铁路专线和输油管道,分散海上运输风险;二要针对中国海上运输"南强北弱"的现状,在图们江出海口、日本海航线、北冰洋航线问题上进行交流与合作;三要举行海上联合行动,尤其是在日本

海、东北太平洋、北印度洋和地中海等海域举行防御性联合军演,实行无目标威慑。

3. 加强与海上通道周边国家的合作

在亚太地区,中国应利用自身经济优势和在亚洲的中心地位,重点加强与日本、印度的合作,寻找双方在海洋运输、海上通道安全等方面的利益交汇点;通过"10+6"等多边机制,加强与日本、印度、澳大利亚和东盟诸国的经贸合作关系,大力推动亚太新安全观,打造以中国为中心的东亚产业新秩序,谨防其滑入美国的战略轨道。

在印度洋地区,中国应积极参与环印度洋地区合作联盟事务,在南亚联盟、阿拉伯联盟和非洲联盟等框架内,加强与斯里兰卡、埃及、沙特和非洲东海岸国家的经贸、技术和反恐合作,深化与巴基斯坦和伊朗的军事合作关系,通过巴基斯坦和缅甸等国家进入印度洋,以双边及区域合作的方式从西北和西南两条陆桥向印度洋海域扩展,寻求若干个能够提供战略支撑的常驻锚地,把印度洋作为中国海洋战略的重要海域,构建海上通道安全保障体系。在拉丁美洲,瞄准巴拿马运河,中国可通过经贸投资加大与中美地峡国家和加勒比诸岛国的合作关系,积极参与美洲银行、加拉比共同体和中美洲共同市场等组织事务,加大在本地区的战略存在。

(二)以威慑保障海上安全

1. 持续保持对外威慑姿态

一是依靠经济手段进行威慑。对于实施海上骚扰的中小国家,可考虑使用经济封锁、金融制裁、关闭市场等手段予以打击;

对于既构成一定战略威胁又高度依赖中国经济的区域性大国（如日本、印度），如其刻意为中国海上航行制造困难，可考虑使用贸易战、货币战和汇率战等手段予以警告和惩罚。二是依靠常规军事手段进行威慑。要把军事威慑作为平时维护海上安全的主要工具，防范有效潜在对手发动的海上军事攻击。三是依靠战略核能力进行威慑。核威慑是一种终极威慑，它能实现对博弈双方"第一利益"的深度绑定。针对美国军事同盟的安全威胁，中国应考虑按照"确保相互摧毁"的标准进行军事斗争准备，始终让一部分处于战斗值班状态。

2. 加快推进海上军事力量建设

加快海军现代化建设步伐，使海军真正成为中国对外战略威慑的核心力量。一要加大海上军事能力建设的资源投入，国防建设和军事技术研发的资源要更多地向海上力量建设倾斜。二要加快推进海军战略转型，加速海军由"近岸防御、近海作战"向"远海防卫、远洋控制"的战略转型。三要大力扩充海基战略核力量，争取维持一支10—15艘的战略核潜艇队伍，保证在大西洋、印度洋和太平洋至少各有一艘处于值班状态。四要推动海上力量部署"向西看"，加大在印度洋海域的军事力量布局，综合运用经济和外交手段，寻求在海上战略要冲设立海军补给站和军事基地，为维护海上战略通道提供及时、有力的后勤保障和军事支援。

3. 加大海上显示存在

以海上军事力量为后盾，紧密结合政治、经济、外交斗争，强化海上显示存在。应逐步增加海上巡逻、海上游弋、海上护航演练、海上监视等手段和方式，加强中国海上力量在相关战略通道及其周边海域的显示存在,展示中国维护海上通道安全的能力和决心。同时,要着力增强远洋护航能力建设,提高护航舰船的技术装备能力和综合保障能力,加强远洋护航训练演练,提高护航队伍和综合保障人员的能力水平。

12

北极航道：

海上丝绸之路的"新平衡"战略

"一带一路"倡议基于务实主义，推动跨国跨区域的基础设施互联互通，打造安全高效的陆海空通道网络，提升投资贸易便利化，形成高标准自由贸易区网络，重塑亚欧非三大洲经济地理乃至世界经济地理。

随着北冰洋通航条件的逐步改善，北极航道不再是"沉舟侧畔千帆过"的科学探险秘境，而是充满着能源开发和商业航运的战略据点，是中国连接东北亚、欧洲乃至北美洲三大经济圈的便捷通道。

"一带一路"全球化建设的规模效应凸显，中俄、中欧关系高水平发展，未来海上运输北极航道将成为"一带一路"的优先补充，呼应丝绸之路经济带陆上通道，拓展 21 世纪海上丝绸之路航线，完善中国全方位对外开放的经贸网络，战略意义重大。

　　2017年6月20日,由国家发展和改革委员会、国家海洋局制定并发布的《"一带一路"建设海上合作设想》指出,中国愿同各方积极推动经北冰洋连接欧洲的蓝色经济通道的建设,并支持鼓励中国企业参与北极航道的商业化利用。这不只是对"一带一路"倡议空间地理的延伸,更是对"一带一路"倡议战略内涵的升级,中国将进一步与各大洲实现全方位互联互通,全面重塑世界经济地理,拓展各国各地区的发展空间;全面参与全球治理,促进世界经济"再全球化",为21世纪世界发展提供中国智慧、中国方案。

一、"一带一路"倡议的优先补充

　　"一带一路"贯穿亚欧非大陆,联通了东面活跃的东亚经济圈和西面发达的欧洲经济圈。就目前的情况而言,中国发展丝绸之路经济带主要依靠陆上的铁路货物贸易,但由于中亚和西亚等广大腹地地区国家众多、宗教文化迥异且政局不稳,因此,中国与中亚和西亚乃至欧洲地区国家开展铁路基础设施建设合作面临巨大的地缘政治风险和安全威胁。相比陆地,海洋为人类活动提供了更为广阔的发展空间。

　　21世纪海上丝绸之路主要依托海上航线联通沿线国家的经济,目前的两条航线都是南下而行(一是从中国沿海港口经南海到印度洋,延伸至欧洲;二是从中国沿海港口过南海到南太平洋)。自2013年中国成为全球货物贸易第一大国以来,中国经济的对外贸易依存度持续维持在高位。当前中国经济的对外贸易依存度已高达60%,而作为最主要的货物运输通道,中国对外贸易运输量的90%是通过航运完成的,世界航运市场19%的大宗货物运往中国,22%的出口集装箱来自中国。从长远来看,中国作为世界最大的贸易体、最大的航运业国家,应着眼规划与拓展21世纪海上丝绸之路的运输航线,丰富完善海上运输网络。

自进入21世纪,在全球气候变暖的作用下,北极海冰的范围和厚度日益在减少,冰封的北极航道日渐复苏,全球的目光也开始由南向北转移,北极航线不再仅是"沉舟侧畔千帆过"的科学探险故事,未来有可能成为连接太平洋和大西洋的新航道,随着"一带一路"全球化建设的规模效应凸显,中俄、中欧关系高水平发展,未来海上运输北极航道将成为"一带一路"的优先补充,战略意义重大。

二、北极航道的长线布局

(一)东北航道作为北冰洋上的"黄金水道",开发价值大且通航可能性高

通常来说,北极航道包括三条主要航线,分别是东北航道、西北航道和中央航道。东北航道又被俄罗斯称作"北方海航道",大部分航段位于俄罗斯北部,从北欧出发,向东穿过北冰

洋巴伦支海、喀拉海、拉普捷夫海、新西伯利亚海和楚科奇海，直到白令海峡，连接五大海域的海峡多达 58 个，被航海界称为连接亚欧的"黄金水道"。西北航道大部分航段位于加拿大北部水域，以白令海峡为起点，沿美国阿拉斯加海域向东，穿过加拿大北极群岛直到戴维斯海峡。中央航道，是指从加拿大丘吉尔港出发，穿过北冰洋高纬度海域，到达俄罗斯摩尔曼斯克港德航道。

从实践应用角度而言，东北航道是目前通航可能性最高的路线。东北航道所在海域自然资源较为富集，开发价值较大；且东北航道水域宽阔，沿线有较多可用港口，且连接内陆铁路运输通道，可进入性较高。而西北航道穿越加拿大群岛的诸多岛屿，实际航行较为复杂，附近基础配套设施很少，只有空中航线可以到达。[①] 另外，中央航道常年受北冰洋多冰的影响，航行条件较差，实现通航的希望不大。因此，中国未来对北极航道的研究建设重点应放在东北航道。

（二）北极航道连接亚欧交通新干线的雏形已显现，进入商业航运的新时代

北极海冰消融催化北极航运，近年来东北航道通行量有大幅提升。据俄罗斯北极物流中心数据显示，2016 年度，经由俄罗斯北方海航道（即"东北航道"）航行的船舶共 297 艘，总通航次数为 1705 次，共运输货物 726.6 万吨，同比增长 35%。时间追溯到 2010 年 8 月 25 日，俄罗斯油船穿越东北航道抵达宁波

---

① 胡鞍钢、张新、张巍：《开发"一带一路一道（北极航道）"建设的战略内涵与构想》，《清华大学学报（哲学社会科学版）》2017 年第 3 期。

港,由此揭开了北极航道商业化航行的序幕。2013 年 8 月,中远集团旗下商船"永盛"轮从大连港出发,经东北航道到达荷兰鹿特丹港,后经苏伊士运河返航,完成了中国商船在北极的"处女航"。2015 年 7 月,"永盛"再次从大连港出发,经东北航道往返德国汉堡港,实现中国商船对北极航道的"双向通航"。目前中国企业的商船已形成经过北极航道的固定航线,未来将根据市场需求调整船舶规模和航次,继续探索和扩大中国商船项目化、常态化航行北极的规模。可以说,北极航道连接亚欧交通新干线的雏形已显现。

北极气候影响评估(ACIA)指出,到 2020 年北冰洋将出现夏季无冰年,只在冬季才会形成不太厚的海冰,这意味着北冰洋中心区域累积多年的冰层将彻底消失①,北极航线通航前景明朗。目前,北极东北航道的通航时间为 3 个月左右,9 月是航道两侧冰山和浮冰最少的黄金航运期,北极航道这条冰封的东亚与欧洲间距离最短的国际航道已渐复苏,正在迎接商业航运的新时代。

三、北极航道的价值凸显

利用北极航道,中国沿海诸港到欧洲各港口的航程将大大缩短,经济效益可观,且航运安全系数较高。

(一)北极航道对于中国海外贸易的商业价值十分明显

相比于传统的两条海上丝绸之路"南方航线",利用北极航

---

① 《聚焦北极航道之一:北极航道　改写海运格局》,《中国海事》2010 年第 11 期。

道,中国沿海诸港到欧洲各港口的航程将大大缩短。上海以北港口到欧洲西部、北海、波罗的海等港口整个航程七千多海里,航行时间大约 27 天,比经马六甲海峡—苏伊士运河的传统航线将近短 3000 海里,航行时间缩短约 9 天。据了解,燃料费占船舶航行成本的比重最大,在国际油价不断高涨的趋势下,燃料成本所占比重也将与日俱增,因此航程的缩短不仅能够节约时间,而且将很大程度上降低船舶航行成本;此外由于沿途经过的国家及通道关卡较少且政治安全环境较为良好,在节约大笔开支、时间和能源的同时,也将大大降低船舶的通关费和保险费。

(二)开辟海外资源采购地,保住中国能源命脉

伴随经济的快速发展,中国能源需求居高不下,对外依存度高,中东局势不稳,加之南方航线存在安全风险,加快建立稳定多元的能源供应渠道对保障中国能源安全、经济安全具有重要意义。北极地区油气资源非常丰富,被誉为"第二个中东"。根据美国地质勘探局的估计,北极地区未探明的石油储量达到900 亿桶,天然气 47 万亿立方米,可燃冰 440 亿桶,占全球 30%未被发现的天然气储量和 13%的石油储量,是地球上可与中东媲美的油气资源战略储备仓库。更为惊叹的是,据地质学家估计,北极地区的煤炭总储量至少 10000 亿吨,即超过全世界已探明煤炭资源总量。而且,北冰洋作为世界平均水深最浅的大洋,其半数以上大陆架区水域深度都不超过 50 米,便于能源开发与开采。目前,中国石油主要进口地区是中东、非洲、俄罗斯和南美。北极地区较非洲、南美洲地区在距离上更接近中国,一旦北极航道全面开通,将大大增加其作为中国能源和原材料海外采

购目的地的战略地位,降低中国能源命脉遭遇封锁的可能性。

（三）推进海洋运输的多元化,提升航道使用话语权

根据中国海关总署的统计,2016 年,欧盟仍为中国第一大贸易伙伴,中欧贸易总值占中国外贸总值的 15.6%,同样,作为欧盟最大进口国,中国占欧盟进口总额的 20%。就"一带一路"沿线地区来看,据世界贸易组织的统计,2016 年东欧地区,贸易总额为 21163.9 亿美元,占沿线 64 个国家贸易总额 29.4%,随着"一带一路"倡议与俄罗斯"欧亚经济联盟"、欧盟"容克计划"等战略的对接,以及中东欧"16+1"合作的不断深化,中国至俄罗斯、欧洲的航线货量将大幅度增长。目前,中国与亚欧国家的贸易运输主要靠海运,海上丝绸之路包含两条航线,且都是南方航线,其中一条是由南海经过印度洋通往欧洲,如果北极航道顺利开通,将使中国远洋航线上增加一条更为便捷的到达欧洲的航线。一方面从安全角度看,可以规避在原有运输格局中已存在的风险,利用北极航道可以有效避开马六甲海峡和苏伊士运河拥堵的航线,减少海盗、暴恐分子聚集地和高政治敏感区带来的威胁,保障海上运输渠道的安全。另一方面从战略制衡角度看,也有助于缓解中国海运尤其是海上能源运输的"马六甲困局",开发利用北极航线会对海上丝绸之路的南方航线沿岸国包括海峡、运河管理国造成一定的竞争压力,有利于打破马六甲海峡—苏伊士运河航线在国际航运通道上长期占据的垄断地位,降低这种单一海上运输的路径依赖,刺激其加强航线建设、提升航线通航条件和服务质量。

（四）改变国际分工布局,带动沿海地区产业和经济发展

北极航道的开通不仅会降低国际贸易的海运成本,而且还将大大拉近中国与欧洲、北美等市场的距离,导致国际分工和产业布局发生变化,进而影响中国沿海地区产业分工和经济发展战略布局。北极航道的开通以及北极航运商业化运营的发展,将进一步加强中国东部沿海地区的经济优势地位,促进中国港口经济和国际贸易的发展,从国际航运布局来看,这种影响对上海以北的沿海城市影响最为明显。① 青岛港、天津港、大连港等港口能充分利用北极航道通航所带来的航行时间和航运成本优势,大力发展对俄罗斯、欧洲以及北美等方向的对外贸易,同时对接"一带一路"倡议,参与全球市场资源配置和产业分工协作,扩大华北及东北地区产品出口,形成新的物流集散地,以贸易促产业结构调整升级,优化产业布局,发挥各地区的优势和特色,为中国沿海地区产业和经济发展带来机遇。

（五）推动世界经济中心北移,增强中国地缘政治影响力

随着北冰洋海冰持续消融和航运技术进步,北极航道通航季节不断延长,通航条件不断优化,目前已初步实现了商业化、规模化航运,当今的世界多数发达国家可以利用该航道,加强北极圈内国家合作,那么必将分散一部分原有航道的贸易货物,降

---

① 刘惠荣、李浩梅:《北极航线的价值和意义:"一带一路"战略下的解读》,《中国海商法研究》2015 年第 2 期。

低原全球航线的分量和地位,航线所在国的战略地位及国际影响力也将随之下降。① 北极航线的开发与利用将促进沿线港口、城市规模的扩大和功能的升级,航线经过的国家在世界上的地缘政治影响力将随之增强,新的经济圈会围绕北极圈欧美亚的国家形成,然后会影响政治和经济格局。中国作为近北极圈的国家,在地理位置上具有优势,地缘政治影响力将得到提升。

四、北极航道边际效益与开发策略

(一)强化极地科研力量,健全北极科学考察机制,增强对北极地区的"接触度"

极地水域气象多变、水文特征复杂,目前能为船舶提供及时、准确的气象信息和水文资料的渠道依然比较匮乏,这将给北极航道的通航造成极大的不确定性;随着《极地规则》的生效,北极海域船舶航行以及防污染的国际标准非常明确,客观上也给中国商船利用北极航道带来较大的挑战。中国应进一步加强极地科研力量,大力培养北极科学专家,在极地气象、海洋、航行、船舶制造、资源开发等方面培育大批高素质人才为中国参与北极航道建设提供智力和技术支持;有针对性地开展海洋科考和极地科考船舶及有关装备的研发,提升破冰船的质量和数量,尽快改变中国极地科考船舶整体落后状况;建立健全北极科学考察机制,全面展开对北极的科考活动,增加在北极地区的科学考察次数,改善北极科考站的质量,适当增加北极科考站的数

---

① 李振福:《北极航运与"一带一路"战略》,《中国船检》2016 年第 1 期。

量,通过监测研究北冰洋的气象气候、水文特征、航道情况及航运安全等,收集熟悉相关航行海区资料,最大化掌握北极自然条件变化及北极航道通航规律,提升对极地水域应急响应和救援能力,保障北极航道商业化航行的安全性。

(二)积极设置北极治理议题,参与制定国际合作机制,提高北极治理的话语权

在北极航道开发利用方面,重视妥善处理北极通航开发利用相关的外交事宜,积极利用联合国安理会、国际海事组织常任理事国和北极理事会观察国的身份参与北极治理。一方面应秉承互利共赢、和平发展的基本原则,积极搭建交流合作平台,设立北极治理合作的相关议题,比如以北极生态保护、北极航道安全航行、北极圈旅游等低敏感度话题为切入点,举办国际会议及研讨会,开展国际间的科研交流工作,保障北极地区有序性、稳定性、持续性发展。另一方面积极参与有关国际规章制度的讨论与制订,推动北极地区治理体系的改革完善,努力在北极合作机制的框架下为北极治理更多地提供"中国方案"、传播"中国智慧",让国际社会更多地了解中国"一带一路"倡议的内涵以及中国参与北极航道开发建设的战略意图,减少对中国战略意图的误解误判,消除近年来部分西方舆论持续渲染中国介入北极开发的"中国威胁论"。

(三)对接北极航道沿线国家发展计划,增强政治互信;秉承共商、共建、共赢的原则,共同打造北极经济圈

随着北极冰川的融化,北极航道的部分地区提供了大型军

舰航行的可能性，北极航道的战略价值日渐举世瞩目，北极圈周围分布的国家对于北极的控制权的争夺也都在暗自排兵布阵，旨在加强对北极的控制。中国应审时度势谨慎参与北极航道建设，避免触及政治敏感话题，始终贯彻和平发展的理念，坚持共商、共建、共赢的原则，围绕政策沟通、设施联通、贸易畅通、资金融通、民心相通，加强对接近北极圈各国的经济发展战略与计划，参与北极航道的开发与建设，逐步扩大中国在北极圈发展利益的同时，与各国共同打造北极经济圈。

1. 主动适应俄罗斯北极航道战略（NRS 战略），共建"冰上丝绸之路"

俄罗斯政府提出的北极航道战略，与中国提出的"一带一路"倡议有所类似，利益共通点较为一致，应力争把俄罗斯打造成为中国海上丝绸之路北极航道上连接欧洲国家、促进"一带一路"联动发展的战略支点国家。在 2017 年 5 月召开的"一带一路"国际合作高峰论坛上，普京总统表示，希望中国能利用北极航道，把北极航道同"一带一路"连接起来。2017 年 12 月 8 日，中俄"亚马尔液化天然气项目"第一条生产线正式投产，这是目前全球最大的北极液化天然气项目，也是"一带一路"倡议提出后中国实施的首个海外特大型项目。此项目是中俄两国共同建设"冰上丝绸之路"的新实践，对推进未来北极地区国际能源合作有着积极意义和示范效果。总体而言，邻近北极航道的国土基本上是开发程度较低的边缘地带，基础设施、能源开发需求旺盛，中国恰好可以通过"一带一路"建设加强中俄在互联互通项目上的合作，充分发挥中俄双方的技术互补性、经济互补性以及亚投行和丝路基金的建设融资作用，完善升级航道沿途的港口及补给站的建设，共同建设"冰上丝绸之路"，带动北极航道沿途城市经济社会的全面发展，实现中俄双赢局面。

2. 主导近北极圈地区的经济战略对话，打造北极经济圈

北极航道开通后，美国、加拿大、日本、韩国、俄罗斯和欧盟等近北极圈国家的战略地位必将得到进一步的提升，中国扩大与近北极国家的"朋友圈"，加强与各国家的经济战略对话，加深对彼此战略走向和发展道路的了解，增强战略互信，避免陷入西方所谓的"修昔底德陷阱"。随着北极航道商业通航水平逐渐成熟，中国也可以联合沿线国家共同开发设计旅游路线产品，开展邮轮旅游、探险旅游、生态旅游等具有北极特色的旅游活动，为北极圈地区输送更多的游客，激活北极圈的旅游市场，不仅促进北极圈地区间的文化交流与互鉴，增强各国民众间的情感互通，同时也能带动相关产业的发展，优化产业结构，保障北极圈地区经济的可持续性增长，形成具有活力的北极经济圈。

13

民心相通：

"一带一路"文化交流的基本点与落脚点

"一带一路"需要经济贸易与文化发展的双核推动，蕴含着以经济合作为基础，以人文交流为导向，以开放包容为理念的重要内涵。

"一带一路"横跨亚、非、欧，可谓"带宽路长"，各国间的关系发展既需要经贸合作的"硬"支撑，更要明确文化交流的"软"方案。

在"一带一路"背景下，"一带一路"文化交流提升中国国际话语权迎来了新的发展机遇，引领中华文化前所未有地走近世界文化舞台的中心。

一、"一带一路"文化交流的基本出发点

(一)开放包容,尊重差异

文化包容是文化认同的基础,"一带一路"文化交流应使用平等、尊重、包容的话语体系,文化软力量切勿包装成硬力量,避免因不当的话语使用引起外界疑虑和反感。中国应坚持平等互利、开放包容的原则,求大同而存小异,尊重各国文化和价值观念多元性,深化与沿线国家的文化交流与贸易往来,促进区域合作,实现长远发展。

(二)交融互鉴,兼收并蓄

中国文化与沿线各国的文化一样,内部包含着丰富的子文化和繁多的文化样态。在各种文化群落融通互动、多元共生的文化生态格局下,我们从不同文明中寻求智慧、汲取营养。通过友好往来,推动与不同文明的交流对话、和平共处、和谐共生,既保持自身的鲜明特色,又能在交流中促发展,在发展中促交流。发挥政府引领统筹作用,将文化传播融入外交、经贸过程中,形成文化交流、文化传播、文化贸易协调发展态势。

(三)市场引导,积极创新

海外文化交流需要在继承的基础上创新发展,展示中华文

化自身发展的内在动力。充分发挥市场的决定性作用,通过市场竞争提升文化产业的规模化、集约化、专业化水平,创新文化内容和文化"走出去"模式,充分运用互联网思维和新科技手段,推动"一带一路"多元文化深度融合,努力打造中国文化出口竞争新优势。

二、"一带一路"海外文化交流的发力落脚点

(一)健全"一带一路"文化交流合作机制

1. 建立国家发展改革、文化、外交、商务等部门的协调机制

对外文化传播与交流合作涉及沿线所有国家和地区,涉及多个政府部门及相关机构。为发挥各自的职能作用、统筹协调各方资源,一方面需要在国家"一带一路"倡议整体合作机制构架下建立有关部门、组织、机构的会商制度,形成多边合作机制,推动传播与交流合作方案的顶层设计、政策协调和项目实施。运用文化传播与交流合作论坛、研究智库等平台,从制度、政策等层面把握态势与走向,为对外文化传播与交流合作提供指导。

2. 构建双边或多边高层磋商机制

国家间关系的融合,已经成为目前各国商榷、谈判、达成协议的前提,构建多边或双边文化传播与交流合作,需要通过高层磋商,坚信建立实际和有效的双边磋商机制的重要意义,利用上合组织、中国东盟(10+1)、亚欧会议、中阿合作论坛等现有多边合作机制和区域、次区域相关国际论坛、博展会、贸洽会等平台加强沟通与合作,在对话、沟通、磋商基础上通过联合公报、宣

言、谅解备忘录等文件、协议,使传播与交流合作常态化。

3. 应用高级别人文对话与智库合作机制

搭建信息共享、资源共享、成果共享的交流平台,提高"一带一路"人文对话层级,同时具有解读政策、咨政建言、推动交流的高端智库合作机制。更好地传承和弘扬"和平合作、开放包容、互学互鉴、互利共赢"的丝路精神,推动亚欧非互利合作不断迈上新台阶。不仅强调对内要加强交流、沟通、协作,对外更要加强与国际智库的交流,设置影响过程、传播政策机会,从而对国内外的政策产生巨大影响。

4. 形成交流传播合力与资源整合机制

"一带一路"文化传播与交流合作不仅点多线长面广,而且涉及多领域、多主体、多层次、多因素、多手段,通过组织和协调,把文化传播领域彼此相关的职能,整合成一个为对外传播服务的系统,综合运用、有效配置多种因素、各种政策工具,整合各主体的职能作用和资源优势,增强聚合效应和协同互动作用,以形成合力、推动利益相关者的协同与合作。

(二)完善"一带一路"文化交流合作平台

1. 发挥中国海外中国文化中心与孔子学院作用,共同合作推动中华文化"走出去"

同样作为海外中华文化的传播机构,孔子学院受到的社会关注多于海外中国文化中心,二者的活动内容也存在一定的重合度。两个机构应明确职能地位,差别定位,共同发展。孔子学院应集中精力于学校教育领域,吸引青少年对中国文化感兴趣,通过学校渠道宣传中国语言及文化,既可以培养中国文化在海外发展的生力军，又能维护孔子学院的专业形象。文化中心则针对社会领域开展工作，必要时双方也要加强合作。海外中国文化中心作为中国设在境外的文化交流机构，应科学规划，抓重点文化中心的建设，然后以点带面，发挥中心的传播潜力及对外影响力。在分布上，应在考虑不同国家人口、区位、宗教、国情社情政情的基础上谋求布局均衡，形成中华文化传播渠道的网络。海外中国文化中心可以通过与企业和社会团体的广泛合作，获得更快更好的发展。海外中国文化中心还可以展开省部对口合作，就是在一定时期内与省级或市级文化部门开展对口合作，共同出资，优势互补，共同组织文化交流活动。这种形式的合作不仅可以扩大合作省份在海外的知名度，获得更多的投资和旅游收入，同时也拓展了中国文化中心的资金来源和人员、技术支持，实现双赢。

（三）打造"一带一路"文化交流品牌

1. 注重文化产品设计，产品内容服务品牌建设

在当前"一带一路"倡议下，中国的文化产品如茶、丝绸、瓷器等还停留在制造阶段，并未形成具有一定国际知名度的代表品牌，其文化产品的价值还未被真正开发。打造并形成富有特色又形式多样的跨文化精品是文化传播与交流合作的重要载体，关键是要以产品为轴心创新技术、创新业态、创新资源，实现传播与交流合作内容与渠道的有机统一。为此，我们要在"请进来""走出去"中培育品牌文化传播与交流合作产品和富有内涵、形式多样的文化论坛、展览、演出、贸易等活动。我们还要注重利用网络等新媒体手段，通过影视、图书、音乐、动漫、网游、文

博等业态传承"一带一路"历史渊源、文化精神,让我们的文化伴随产品共同走向世界。要开发开放特色文化,提升国家文化传播与交流合作的特色和吸引力。

2. 支持企业文化品牌建设,提升产业竞争力

要从企业自身的优势出发,在演艺、网络游戏、影视、动漫、娱乐、出版、新媒体等文化产业的重点领域培育一批具有中国特色或中国元素、国内国际知名的品牌,开发适销对路的文化产品,提升文化内涵以及在国际上的辐射力和影响力,减少"文化折扣"现象,争取使中国的文化产品不但能够"走出去",而且能"走进去"。鼓励有条件的文化企业及相关机构在海外投资、设立分支机构,加强与海外同行的合作与交流,了解和掌握海外市场的最新动态,学习与借鉴国际运作模式,吸引海外高层次人才加入,扩大中国文化产品和服务的海外市场份额,提升中国文化产业的国际竞争力。

3. 大力发展丝绸之路特色旅游,实现文化与旅游资源联动

这不仅能够增进各国人民之间的了解,带动经济发展,而且能够促进丝绸之路文化、历史风貌的再次闪光。应大力开发丝绸之路的旅游资源。因年代久远和后期破坏,丝绸之路上的很多旅游资源已被掩埋或破坏,这需要引起沿途国家和当地政府的重视,并组织专家和建设团队适时开展文物复原与文化资源保护方面的工作,重现丝绸之路的历史风采。创新旅游方式,以"一带一路"互联互通为核心理念,在开展传统"丝路历史文化游"的同时,推出度假、丝路科技等新型旅游产品,形成丝绸之路旅游品牌,以点带面实现旅游资源的联动效应,激发各国人民了解丝路文化的热情,加强各国间的文化交流,共同谱写"丝路华章"。

三、推动"一带一路"文化贸易产业繁荣发展

（一）提炼共性文化需求，助力文化产业发展

"一带一路"倡议的实施，使不同文化背景、不同宗教信仰的各国、各地区、各族人民交流更为密切，为各种优秀文化和谐发展、和平共处理念的传播提供了途径，同时也为文化消费、文化产业跨越国界开辟了道路。围绕"文化新丝路"的主题，与"一带一路"沿线国家联合译介、出版相关书籍，拍摄、播放有关影视片。文化产业要想跨越式发展，需要发挥好国内、国际两个市场、两种资源的优势，同时也要求文化产业积极主动地参与国际分工和转型升级，进入全球文化产业价值链的更高层次。

（二）加大力度培育主业突出、核心竞争力强、带动作用大的"龙头型"骨干大型文化产业集团和文化贸易流通企业

抓住当前文化内需市场活跃的有利时机，支持一批有发展潜质的混合经济结构的大型文化企业以国际化为目标，通过跨地区、跨行业的兼并重组，加快发展，扩大规模，提高竞争力。要把政府之间的文化交流项目与企业的市场化运营结合起来，以符合国际惯例的方式支持企业承办这些项目，带动国际文化贸易发展。从国际经验看，政府之间的文化交流项目往往通过招投标委托企业运营。鉴于中国文化流通企业还比较弱小，缺乏

经验,因此需要政府发挥培育市场的职能,待企业成长壮大时政府再适度退出,与此同时积极支持中国成熟文化企业通过跨国投资和收购兼并加快发展,跻身国际文化贸易市场。

(三)发挥中国的比较优势,以硬件产品出口带动文化服务贸易发展

建议在沿海高新技术开发区、文化产业园区,以及内地具备条件的地区布局一批外向型的文化产品生产基地,通过产业链的延伸,发展影视、动漫、图书、音像、游戏等相关内容产品的生产,以玩具、视听等硬件产品出口带动文化服务贸易发展,同时,大力推动国际版权合作,促使内容产品进入国际市场。发挥互学互鉴的文化丝路精神,共谋文化发展新动力、拓展文化发展新空间、找到文化合作新模式,为文化贸易发展提供中国产品。

14

包容发展：

"一带一路"的制度创新

经济学家巴兰指出，"发达资本主义国家能提供给不发达国家用于发展经济的借款，但会在贷款时附加苛刻的政治经济条件"，资本主义主导的经济全球化固然有使各国互利的一面，但本质仍然是将过剩资本输出到发展中国家垄断原材料和初级产品市场攫取高额利润，长远来看严重的国际剥削会扭曲他国经济结构，阻碍形成真正可持续国际分工，容易造成新的两极分化。

有别于现有国际合作模式，"一带一路"倡议根植于源远流长的中华文明，以古代对外交往史上的标志性成果"丝绸之路"为符号，将"五通"即政策沟通、设施联通、贸易畅通、资金融通、民心相通作为合作重点，保证自身发展的同时带动广大沿线发展中国家平等地以"主人"身份合力打造一个开放包容的框架平台，同舟共济，权责共担，凝心聚力成为政治互信、经济融合、文化包容的利益共同体、命运共同体和责任共同体。

　　"一带一路"倡议并不排斥现有非马克思主义全球化理论的优秀内核,从理念设计到操作框架,从愿景到行动,方方面面体现着中国特有的东方智慧,传统中华文化孕育的丝路精神和前所未有的中国发展速度吸引着越来越多的国家主动探索接轨的可能,分析"一带一路"与沿线国家现有发展战略对接方式的创新性与前瞻性,将为国际合作模式的发展提供中国经验和社会主义体制的实践方案。

一、开放包容贡献原则动力

　　全球经济一体化和区域经济一体化是当前世界贸易体系中并行不悖的两股潮流,前者以世界贸易组织(WTO)为核心,后者涵盖区域和双边层面的贸易安排,以及一系列国际组织和会议。就近百年世界经济史来看,实现全球经济一体化所面临的困难显然要比区域经济一体化复杂艰巨得多,经济全球化的本质是生产力和生产社会化的加深突破了国家狭隘的疆界,要求在更为广阔的空间配置和利用生产资源,这就需要能够在全球范围内形成一个组织资源流通、调节国际分工的新型机制。但是由于民族自身利益的制约,国际社会中的动荡、冲突以及其他一些不确定性制约因素的影响,当下这种机制在短期内难以形成,所以寻求与周边国家的经济合作成为许多国家作出的一种相对简便、易行的选择。这种建立在地缘经济和地缘政治基础之上的经济交往的交易成本比较低，相对于全球范围而言，处于同一区域内的国家更容易达成经济一体化的协议，整体福利提高效果更为明显。

从双边协定的寥寥数国，到欧盟的 27 个国家，当前区域贸易协定五花八门，体量不一，不少区域贸易协定之间还有"交集"，即很多国家同时加入几个不同的区域贸易协定。有经济学家把区域贸易协定比喻为"一碗面条"，形容它们搅和在一起。在这种背景下提出的"一带一路"作为一个共同打造的全球公共产品，一个开放包容的合作平台，无疑为解决这个难题拓展新途径。

表4　部分区域贸易协定比较

	欧盟	北美自由贸易区	亚太经济合作组织	东盟
理论	第一阶段（1958—1968年）关税同盟阶段；第二阶段（1968—1992年）实现关税同盟和建立统一市场阶段；第三阶段（1993年至今）统一市场和建立政治经济共同体阶段	自由贸易区理论。自由贸易区内的国家货物可以互相流通并减免关税，而贸易区以外的国家则仍然维持原关税及壁垒	共同市场理论。以开放的地区主义为基本合作原则，采取自主自愿、协商一致方式决策，最大限度地发挥区域内贸易长处，避免对区域外的歧视政策而缩小区域外的经济利益	东盟各国本着平等尊重、求同存异的伙伴精神，先易后难循序推动经济、社会和文化渐进发展，缩小地区内国家之间的差距，构建地区认同和东盟意识
思路	推动《里斯本条约》建立无内部边界的空间，加强经济、社会的协调发展和建立最终实行统一货币经济货币联盟，促进成员国经济和社会的均衡发展、最终实现政治和经济共同体	就《北美自由贸易协定》取消关税和非关税壁垒，优化成员国资源配置，形成自由贸易区内比较自由的商品流通大格局	通过《汉城宣言》，促进成员间经济的相互依存；加强开放的多边贸易体制；减少区域贸易和投资壁垒；为本地区人民的共同利益保持经济的增长与发展	根据《东盟宪章》等一系列重要文件成果，努力实现"以人为本"的长远目标。逐步建设以经济、安全和社会文化为一体的东盟共同体

续表

	欧盟	北美自由贸易区	亚太经济合作组织	东盟
方案	1.从实现关税同盟和共同外贸政策开始，实行共同的农业、渔业政策、建立内部统一大市场、建设经济货币联盟、建成政治同盟、实现共同防务等措施，逐步实现各成员国的主权让渡，建成全面的经济和政治共同体。 2.成员国毫不动摇地根据忠诚和互助的原则支持欧盟的共同外交与安全政策	1.美、加取消墨西哥纺织品配额限制、降低关税。 2.取消汽车产品、农产品关税。 3.完全开放运输业、通信业。 4.逐步开放金融保险业、能源工业市场	1.以自主自愿、协商一致为基本原则，依靠高级官员会、部长级会议、领导人非正式会议进行磋商，将结果以宣言、声明、计划等形式展现。 2.主要讨论与全球及区域经济有关议题，涉及人类安全、卫生和能源、反腐败、备灾和文化合作等与经济相关的其他议题	1.以"东盟方式"的和平尊重、互相协商和非正式为原则不断完善治理机制。 2.以东盟为核心，建立自贸区，逐步吸收太平洋彼岸的其他亚太成员加入，最终组建亚太自由贸易区
主体	奥地利、比利时、保加利亚、塞浦路斯、克罗地亚、捷克共和国、丹麦、爱沙尼亚、芬兰、法国、德国、希腊、匈牙利、爱尔兰、意大利、拉脱维亚、立陶宛、卢森堡、马耳他、荷兰、波兰、葡萄牙、罗马尼亚、斯洛伐克、斯洛文尼亚、西班牙、瑞典	美国、墨西哥、加拿大	1.澳大利亚、文莱、加拿大、智利、中国、中国香港、印度尼西亚、日本、韩国、墨西哥、马来西亚、新西兰、巴布亚新几内亚、秘鲁、菲律宾、俄罗斯、新加坡、中国台北、泰国、美国和越南等21国。 2.东盟秘书处、太平洋经济合作理事会和太平洋岛国论坛等3个观察员	1.马来西亚、印度尼西亚、泰国、菲律宾、新加坡、文莱、越南、老挝、缅甸和柬埔寨10个东南亚发展中国家，及观察员国：巴布亚新几内亚。 2.FTA国家：中国、日本、韩国、澳大利亚、加拿大、欧盟、印度、新西兰、俄罗斯、美国
特点	1.有效多数表决制。 2.设立欧盟理事会主席。 3.设立欧盟外交部长统一负责欧盟的对外关系	1.南北合作。 2.美国主导。 3.不同步减免关税。 4.战略的过渡性	1.组织松散。 2.单边自主行动。 3.成员广泛。 4.开放的地区主义	1.平等性。 2.非正式性。 3.多层次、全方位建设

对比现有部分有代表性的区域贸易协定,更鲜明地看出中国"一带一路"倡议所独有的包容性与灵活性。

(一)目的突出包容性

"一带一路"目的在于与沿线国家共同打造开放、包容、均衡、普惠的区域经济合作架构,使得经济要素能够有序自由流动、资源高效配置和市场深度融合,既让国内沿线民众共享公平参与的机会,又使沿线国家和地区共享发展成果,真心诚意对待沿线国家,允许其他国家搭乘中国经济发展的快车,既要让自己过得好,也让别人过得好,不让任何一个国家在发展中掉队。同样合作重点横跨政策沟通、设施联通、贸易畅通、资金融通、民心相通等"五通",不以掠夺为手段攫取财富,不急功近利只谋求眼前经济利益,都体现了"一带一路"目的的包容性。

(二)思路彰显多样性

推进"一带一路",并非是中国资本和国力的输出,强行让其他国家和地区配合中国的发展需要,以中国为输出输入产业核心进行依赖性的发展,而是与其他国家和地区现有发展战略进行对接,与其发展规划契合,以经济友好合作为基础,将沿线地区不同的资源进行区域性的整合升级,实现彼此互补式的发展,释放彼此合作潜力和优化空间布局。

"一带一路"多边网络是以中国为中心的松散关系,形散神不散,通过双边机制带动多边机制的建立,避开现有地区一体化机制和规则的长期胶着状态,呈现跨区域性、综合性和关联性的新特征。六大经济走廊的建设模式,虽然每一条经济走廊没有彼此间形成一个区域性的集团化协议,但本身随着交通路线的联通将拉近彼此的贸易关系,没有区域合作之名,确有一体化之实。

(三)方案体现灵活性

"一带一路"倡议极力避免潜在的、可衡量要求的正式条约,通过谅解备忘录、联合声明、行政协议、临时安排、互换函件等非正式制度建设的载体打造灵活的合作关系。从特点上来讲非正式制度比正式成文条约能够更敏锐地把握世界政治力量的变迁和治理结构转型的客观趋势,先易后难,先近后疏地将相关国家有序接纳,根据不同国情不同地区量体裁衣,依据需求打造具体合作内容。不刻意追求一致性,高度灵活地把控进程,条件成熟一个启动一个,资金到位一个实施一个,让发展一直在路上。

(四)主体呈现多元性

习近平总书记在党的十九大报告中指出"中国秉持共商、共建、共享的全球治理观,倡导国际关系民主化,坚持国家不分大小、强弱、贫富一律平等",具有典型的非排他性,摒弃以意识形态划界的"冷战思维",不搞国家亲疏远近的"圈子文化",通过国际合作、建立沟通协商机制等措施,广泛实现高水平的规模效应。六大经济走廊作为"一带一路"的战略支柱建设程度不一,起步早进展快的中巴经济走廊起了强大示范效应;抓紧编制规划纲要的中蒙俄经济走廊取得一定成就;稳步向前推进的新亚欧大陆桥和孟中印缅走廊,积极规划建设的中国—中亚—西亚、中国—中南半岛经济走廊前景可期,沿线 60 多个发展中国家作为中国"一带一路"对外交往的优先对象,几乎全部与中国展开意向对话和协议签订。

二、包容文化贡献底色力量

当代中国外交义利观延续了中华传统文化价值理念——义利融合、先义后利、取利有道。现如今在处理全球事务时,"义"不仅包括理论上的道义和正义,而且也涵盖提供物质帮助,满足其他国家的实际需求等;"利"则是在互惠共赢基础上取得经济、外交、战略各方面的实际利益。

中国对"一带一路"的战略投入,体现出"正确义利观"的总体导向,反映了当代中国外交理念的战略定位。2017 年 5 月"一带一路"高峰合作论坛开幕式致辞中,习近平主席提出:中国将在未来 3 年向参与建设的发展中国家和国际组织提供 600 亿元人民币援助,建设更多民生项目;向沿线发展中国家提供 20 亿元人民币的紧急粮食援助,向南南合作援助基金增资 10 亿美元,在沿线国家实施 100 个"幸福家园"、100 个"爱心助困"、100 个"康复助医"等项目;将向有关国际组织提供 10 亿美元落实合作项目;加大资金支持,向丝路基金新增资金 1000 亿元人民币,鼓励金融机构开展人民币海外基金业务,规模预计约 3000 亿元人民币。国家开发银行、进出口银行将分别提供 2500 亿元和 1300 亿元等值人民币专项贷款,用于支持基础设施建设、产能、金融合作。寻求义利整合关系体现"一带一路"倡议的前瞻性、超越性与战略性。

(一)将欲取之,必先予之

资本"走出去",是产能"走出去"的先决条件,良好的投融资机制和稳定的资金输送是项目持续推进的基础。"一带一路"沿线区域主要是新兴经济体和发展中国家,涵盖中亚、南亚、西亚、东南亚和中东欧等国家和地区,这些地区总人口约44亿,经济总量约21万亿美元,分别约占全球的63%和29%,是目前全球贸易和跨境投资增长最快的地区之一,并且其经济增长对跨境贸易和投资增长的依赖性较强。"一带一路"资金池主要有以下五个:传统国际金融机构、开发性和政策性金融机构、商业银行、专项投资资金和新兴多边开发金融机构。

需要明确中国投资不是"对外撒钱",而是完全按照市场融资方式、依靠市场评估作出的判断。基础设施建设本身存在建设周期长、回报速度慢等问题,这是由行业性质决定的,与项目所在地并无直接关联。长远来看,基础设施类投资项目既会改善当地居民生活条件,同时会有可观的赢利,所以各方才踊跃参与。"一带一路"倡议符合世界各国同舟共济的利益需要,这条互利合作之路必将越走越宽广。

(二)轻关易道,通商宽农

中国有句标语"要想富先修路",这个由山区农民率先喊出的朴素口号,话糙理不糙,至今有强大的现实价值。从古至今,荣归故里的中国人就习惯用铺路修桥作为回报家乡的方法、路通财通、造福一方。新中国成立后,政府大规模主导中国交通网络的规划建设掀起修路潮,短短几十年中国经济的繁荣和富裕成为证明交通建设重要性的最强有力证据。交通道路规划畅通是资金流动、物资流转、人才流动的必要先决条件，中国"一带一路"将"道路联通"放在建设的优先领域，优先打通缺失路段，畅通瓶颈路段，与沿线国家共同推进国际骨干通道建设，逐步形成连接亚洲各次区域以及亚欧非之间的基础设施网络。这是中国经验与中国模式的成功推广，中国的铁路、公路和港口等基础设施建设的技术已比较成熟，正满足沿线国家为发展经济迫切需要建设基础设施的需求，完善的基础设施建设能促进自由贸易，消除贸易和投资壁垒，强化贸易畅通，优化自身经济产业结构，更多的利润留在其国内，继续带动其他产业发展，建立良好的经济循环体系，对摆脱依附地位至关重要。

企业是建设"一带一路"的主体，需要到驻地国履行社会责任，不可避免会与其他合作模式进行比较，所以"一带一路"的顺利推行必须以正确义利观打底，重视基础设施建设，促进当地的经济增长、增加就业机会、改善民生，建设"绿色丝绸之路"，让对外的投资和贸易产生正面的外部效应，让国际社会认同中国作为一个大国的和平崛起和建设性作用。

（三）利者，义之和也

互利互惠是当今世界国家间经济合作的根本基础，为此，习近平总书记十分强调"一带一路"倡议要坚持互利性，即对外合作要互利共赢，不能只顾自身利益，还要兼顾其他国家的利益，打造利益共同体。对内，全国所有的省市、自治区，甚至包括更低一级的政府机构，都在积极地探讨如何融入和对接"一带一路"，要把中国的利益诉求跟国际社会的利益诉求结合起来，它不是中国一家的独奏曲,而是国际社会的协奏曲,必须体现共商的原则。对外,要重视"一带一路"在非经济领域的重要作用,丝路精神象征着中国从汉唐以来一直秉持的和平合作、开放包容的格局气派,冠以"丝绸之路"这一具有鲜明中国特色的标志性符号就是想要重新在世界革新中国形象,需要在交通、环境、农业、医疗、文化等不能快速收取经济利益的领域坚定持续地做贡献。

正如2017年"一带一路"投融资高峰论坛上专家所说,"一带一路"不是援外,也不是扶贫,有中国的利益。"我们不避讳,但是我们是把我们的利益和合作伙伴的利益融合在一起。"利益共同体不只是不同主体之间共享发展红利,除却经济方面的利益同样需要齐头并进。

三、合作共赢贡献精神力量

"一带一路"以弘扬"和平合作、开放包容、互学互鉴、互利共赢"的丝绸之路精神为己任,积极推动沿线国家以互联互通带动投资融通,优化产业结构,消除贸易壁垒,改变国际贸易中发达国家与发展中国家不对等地位,构建新型国家间贸易关系。"一带一路"合作框架本着互利共赢的原则,引领全球经济的发展趋势,带动本国和广大发展中国家乃至发达国家经济的持续稳定,实现世界经济平衡发展和再繁荣。

(一)不设政治附加条件

"一带一路"倡议本着互利共赢的原则,站在广大发展中国家的立场争取在国际事务中的话语权，推动建立公平、合理、互利、共赢的国际经济新秩序，所以有别于发达国家资本输出时常使用"钉住性"政策，一方面要求发展中国家打开产品市场，一方面又对出口市场设限，滥用反倾销等手段。"一带一路"建设以和平合作的丝路精神为己任，在建设过程中不带任何政治、经济等附加条件，不干涉别国内政，不寻求操控他国经济，求同存异，尊重他国在全球治理中的不同选择，不影响他们原有在国际合作关系中的政治立场。

作为一个社会主义国家提出的区域间合作方案，"一带一路"是顺应历史发展趋势的应然之举，也是从规则遵从者向倡导者转变的伟大实践，目前现存的社会主义国家在全球化的趋势中处于明显的劣势，"一带一路"倡议在经济、政治、文化、军事、外交等方面的实施效果将在未来很长时间内对其他社会主义国家制定国际合作发展战略起极大参考作用。

（二）尊重市场发展规律

"一带一路"尊重他国合作意愿，以包容、开放的态度，遵循市场经济的运行规律，按照基本的等价交换原则，参与国家自由选择合作领域，按照发展实际需求，用最低成本、最快速度换取最高利润。以往国际合作中，价值规律常屈服于政治、外交乃至军事实力，国际交换中发达国家可以用较少的成本换不发达国家更多的资源和原材料，利用当地的廉价劳动力和资源发展本国经济，而"一带一路"建设贯彻正确义利观，既非西方国家"掠夺式"资本输出，也非不计回报的扶贫，而是通过进行资本密集型和技术密集型产业建设，弥补当地的基础建设短板、释放经济发展潜力。

"一带一路"倡议鼓励国内信用好、资本雄厚、具有长期成功建设经验的高技术水平企业"走出去",通过资本外溢和管理的示范效应,促进当地科学发展,吸收自己先发展、后治理的经验教训,绝不仿效发达国家把高能耗、高污染、破坏生态环境的产业转嫁他国,不会为了自身经济利益牺牲沿线国家的利益,使其被牢牢锁定在产业链的低端。

四、超越利益观的包容性发展道路

中国经过改革开放的高速发展,具有强盛的国内市场消化能力,同时规模庞大的外资储备、成熟的建设技术、先进的管理经验为"走出去"奠定物质基础,囿于国内劳动力成本不断上升,劳动密集型产业利润率大幅下跌、传统企业智能化升级加快,中国经济发展正受到资源的限制,给沿线国家出口贸易创造广泛应用空间。基于此提出的"一带一路"倡议,不片面追求贸易顺差,以开放包容为合作方案,汲取中国文化力量,建设共赢的合作机制,体现中国在全球事务中不再独善其身,是大国意识的具体体现,为解决当前陷入低潮的全球经济一体化提供新思路。

中国传统文化的"大同思想"强调天下为公,人人平等,推至国家和地方间合作,"一带一路"参与国不论经济体量大小、无视领土资源多寡在国际合作交往中拥有平等权利、独立自主参与经济交换活动、摆脱技术支撑体系中的依附地位。重视投资金额大、回报周期长的基础设施建设,"一带一路"倡议具有大庇天下寒士的格局气度,潜移默化让世界相信中国的诚意,拉动发展中国家的经济增长，给发达国家创造更多的市场份额和出口需求，间接促进发达国家的经济增长，让全世界亲身感受中国方案的包容开放、合作共赢。

中国主动推进的"一带一路"合作机制超越实际经济利益，对发展中国家，寻求世界认可共鸣、打破政体制度隔离、一视同仁共建国际合作都有非凡的借鉴意义和典范价值。发达国家亦如此，高速发展的科学技术正在迅猛拉近地理意义上的距离，国际合作也不只在南北合作、南南对话，取长补短和平发展才是世界和谐的永久主题。以历史为镜，彼此借鉴，走好未来合作发展道路。

15

安全视域：

"一带一路"倡议下反恐工作任重道远

"一带一路"沿线一些国家处于恐怖主义人员聚集地和恐怖主义活动频繁的"高风险"区域。分析评估"一带一路"倡议安全面临的挑战、恐怖势力威胁非常重要，加强"一带一路"倡议下的反恐怖工作势在必行。

目前，最为重要的是要明确反恐怖战略安全目标，强化区域性边境口岸重点人员管控，持续加强沿线国家的反恐怖协作能力，积极推动区域性反恐怖司法合作等反恐怖战略对策。

一、恐怖主义对"一带一路"的影响

当前,恐怖主义对"一带一路"的影响主要包括以下四点：

一是恐怖主义威胁中国在沿线周边国家的经济投资、驻外使领馆及其驻在国家合作项目。例如中国驻巴基斯坦伊斯兰共和国大使馆网站曾发布重要安全提醒,指出恐怖分子策划对中国驻巴基斯坦机构和人员发动系列恐袭。

二是恐怖主义影响沿线国家局势,从而影响中国战略实施。恐怖主义、宗教极端、民族分裂思想的深入蔓延,将直接威胁沿线国家政治安全与社会稳定,威胁人民群众的人身和财产安全。

三是恐怖主义借助网络蔓延。网络成为恐怖组织招募暴恐成员、筹集资金,传播宗教极端思想、传授恐袭技能等发展主要载体和平台。

四是与沿线国家反恐的分歧与冲突。由于沿线国家的国情、法制、经济发展、政治立场等不同,在共同开展反恐怖侦查打击、反恐怖融资洗钱、反恐怖情报共享、反恐怖国际警务、反恐怖司法协作等方面还存在分歧与冲突。

二、明确反恐怖战略安全目标

反恐怖战略的总目标应明确,要动员和发动"一带一路"沿

线国家人民群众积极参与,有效整合所在国家社会面的各方资源,更加注重主动进攻、先发制敌;更加注重整体与区域防控;更加注重标本兼治、源头治理,着力加强反恐怖能力与处置建设,着力提升反恐怖工作水平。继续严厉打击暴力恐怖势力,深入开展"境外清源"工作,努力消除滋生恐怖活动的思想基础和社会条件,全面掌握国际恐怖势力、宗教极端势力有关动向,有效防范其实施恐怖犯罪活动。全力防止暴力恐怖活动向周边蔓延,最大限度把暴力恐怖活动消灭在行动之前,最大限度消除恐怖活动的现实威胁,最大限度铲除恐怖主义蔓延滋生的"土壤",确保"一带一路"国家的安全和社会稳定。

三、强化区域性边境口岸重点人员管控

(一)强化对重点人的管控和背景核查

"一带一路"沿线国家的反恐怖工作必须始终要把"重点人"作为核心要素。"一带一路"沿线国家的反恐怖部门要全面管控相邻国家边境地段、边境一线的山口、便道、渡口等对外通道,进一步严密防范边防管控和出入境查控措施,加大管控力度,及时查控可疑涉恐人员、可疑物品和可疑交通工具,严防恐怖分子和极端人员偷越国边境进入其他相邻国家。"东伊运""基地"和"塔利班"等宗教极端恐怖组织长期培训、资助和武装庇护亚洲部分国家的恐怖组织人员,不断制造恐怖事件。所以,要强化对人的背景核查。沿线国家应当重点审查来自涉恐重点地区人员的背景、现实表现、随身物品、宗教信仰、身份信息、入

境目的、行程路线、经济来源、思想状况、极端化程度、同行人员、通联关系人等。边检部门要强化对重点涉恐国家进入该国人员的签证审核及证件查验工作，确保防止"基地""IS""东突"等恐怖主义人员持伪造假证件或"漂白"身份入境，避免造成危险隐患。

（二）严防出境"回流"人员入境造事

特别是"一带一路"沿边、沿海地区要切实强化区域性边境口岸"回流"人员管控、查控工作，运用相关专业技术手段，切实提升管控能力。据有关报道显示，沿线部分重点国家存在偷渡出境人员参加"IS"的人员情况，被打散欲逃至"第三国"或"回流"母国的迹象开始凸显。索马里和埃塞俄比亚"青年党"密谋利用部分沿线国家的高校学生提供奖学金机会，帮助成员取得高校留学资格，以此潜入该国实施破坏活动或者长期潜伏搜集情报。沿线各国应当密切关注来自涉恐重点国家和关注群体的入境"回流"情况，这类人员在叙利亚、阿富汗、土耳其、伊拉克等恐怖组织训练基地长期接受严格训练和宗教极端思想洗脑，很可能进入该国后实施恐怖犯罪活动，相关沿线国家必须强化对此类"回流"人员的跟踪查控，严防"回流"人员入境后勾连极端分子制造事端。

四、持续加强沿线国家的反恐怖协作能力

（一）高度重视建立区域性及双边、多边合作机制

"一带一路"沿线国家的外事、商务、教育、旅游等部门要建

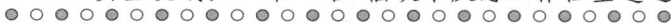

立健全境外投资经商、工程承包、出境旅游、出境培训、文化交流等安全风险评估、预警制度和行业内部安全保卫双边合作机制，切实采取有效措施强化海外利益安全保护。各国在政治、经济等领域应强化交流与合作，特别是要消除贫困、促进民生改善，全力铲除恐怖主义滋生的“土壤”。

（二）要健全防范与处置协作能力

“一带一路”沿线国家要加强对恐怖袭击事件规律分析和战术战法的调查研究，同时还应建立“一带一路”项目安全评估专家小组。按照“立足预防、综合治理、整体防控、属地为主”的基本思路，以“一带一路”沿线国家基础设施建设、重点领域商业投资等反恐怖安全防范为重点，构建网络化、协作化、跨国化、区域化的防控体系，并深化反恐怖防范与处置协作体系建设。沿线国家间要加强反恐怖应急处置实战能力，特别是加强沿线国家地区之间反恐怖应急处置机制建设，国际社会应共同努力打击海上恐怖犯罪和海盗犯罪，加强管控海洋、岛屿争端，提高反恐怖应急处置能力。

（三）要强化重点目标、地区的安全保卫和跨区域联合模拟演习演练

一方面，提高“一带一路”沿线国家合作项目、经济投资领域、驻外使领馆以及举办国际会议论坛等大型反恐怖安保能力。国家中心城市要强化属地处置力量建设，规划跨国间联合行动的最小作战单元，确保能够担负多个现场同时处置任务。另一方面，举办跨区域联合模拟演习演练，着力提升重点国家、重点

区域应急处置常规性恐怖袭击的现场封控和救援能力。坚持立足反恐合成作战，切实做好反恐怖力量备勤训练、装备建设、物资储备、资金投入，确保联合作战的应急单元反应灵活、装备器材先进适用、保障机制运行顺畅，全力提高在反恐怖工作中的枪战、夜战、山地战、区域战协作配合能力。

五、积极推动区域性反恐怖司法合作

当今世界格局深刻演变，安全挑战层出不穷，恐怖主义根源远未消除。近年来，恐怖主义呈现全球化、本土化、碎片化、网络化之势，"伊斯兰国"和"基地"两大组织更是摆出竞拼态势，导致全球恐怖活动整体上升，"一带一路"沿线地区深受影响。维护"一带一路"建设安全事关沿线国家切身发展利益，需要各方携手应对。

要倡导共同安全观，树立共同、综合、合作、可持续的安全理念，以共商、共建、共享为原则，营造公平正义、和谐稳定的总体安全格局和氛围。可以适当方式加强与美欧等国反恐合作，既为双方合作关系打造新的增长点，注入新的动力，同时也旗帜鲜明地表明我国在反恐问题上的一贯立场，即恐怖主义不分国界，也没有好坏之分，反恐不能搞双重标准，也不能同特定民族宗教挂钩；在推动美欧与我国合作反恐，为"一带一路"建设营造良好外部环境的同时，巧妙运筹。

（一）要积极建立健全区域反恐怖法律公约

明确恐怖主义的含义、内容与打击对象，因地制宜解决"一带一路"倡议推进下的反恐怖工作中的实际问题。各国要针对恐怖活动犯罪出现的新情况、新问题,及时制定、修订相关法律法规、司法解释和指导意见等,依法加大惩治恐怖活动犯罪包括网络传播宗教极端、暴力恐怖信息等力度,进一步规范和统一法律适用。

(二)要建立规范恐怖主义犯罪调查与取证制度

在调查方面,"一带一路"沿线国家要制定恐怖主义犯罪认定标准和恐怖主义组织认定标准,大力开展"堵源节流"行动,对疑似涉恐案件要加强侦查侦办,深挖细查幕后,积极共享各国侦查谋略与侦查技术。依法打击以各种方式参加国际恐怖组织的活动及境内外组织策划者、中转接应人员,坚决截断境内外恐怖组织人员、资金补给通道。在取证方面,沿线国家要以尊重和保障人权为根本目的,对讯问、拘留、逮捕、证人保护、反洗钱、反融资、可疑资金冻结等要建立相关法律机制。要充分运用技术侦查、电子侦听、"大数据""云计算""云处理"等专业技术提高反恐怖取证能力。

(三)要持续推动反恐怖主义国际司法协作

将反恐怖国际刑事司法协作作为沿线国家执法安全合作的重中之重,纳入"一带一路"倡议安全框架之下,全局统筹谋划、区域协作配合。充分利用联合国、上海合作组织、亚太经合组织等多边反恐怖合作交流机制以及双边反恐磋商机制,以沿线国家为重点,全方位、宽领域构筑反恐怖安全屏障。重视并加强双边刑事司法条约、引渡条约、联合打击恐怖主义合作机制等谈判缔结工作中,做大司法合作网络,为反恐怖司法合作提供有效法律框架和参考依据,更好地参与国际反恐怖合作。

16

地缘经济：

"一带一路"地区贸易合作布局

实现贸易畅通，加强贸易合作，是推进"一带一路"倡议的一项重要任务。构建"一带一路"综合性的经济发展的地理理论，反映区域性的资源开发和利用的现状及其问题，以及在地区生产力布局的科学性和经济效益上，综合考虑社会总体经济效益和地区性的生态效益。

自"一带一路"倡议提出至今，"一带一路"建设在贸易领域、贸易结构、贸易规模等方面取得积极进展。中国在推进"一带一路"沿线各国贸易互联互通、贸易合作机制、贸易环境优化、促进贸易畅通等方面进展迅速，贸易合作领域不断拓宽，结构不断优化。

目前"一带一路"建设取得的进展具体表现在,一是中国与沿线国家基础设施互联互通取得初步成就。基础设施互联互通是"一带一路"建设应优先发展的领域,为新一轮国际深度合作搭建新平台。2017年,中国已与沿线国家签署130多个双边和区域运输协定,涉及铁路、公路、海运、航空与邮政等五个关键行业。截至目前,中国已开通356条国际道路客货运输线路,与43个沿线国家实现直航,"中欧班列"已开通39条;中巴经济走廊及其港口、高铁、桥梁等重大工程项目已相继启动并投入运营。二是"一带一路"跨境经济合作区与多边投资框架体系不断趋于完善。2017年,中国已在50多个国家建立了118个境外经贸合作区,通过吸引各国企业入驻,推动现代制造业、现代农业与服务业及其相关产业的融合发展,构建沿边境线跨国产业带;2016年,中国对"一带一路"沿线国家直接投资144亿美元,双边投资保护协定(BIT)、WTO的《与贸易有关的投资措施协定》等国际投资规则不断完善,"一带一路"多边投资框架体系逐渐落地,在推进贸易与投资便利化等方面进展顺利。

当前"一带一路"区域内贸易增长很快,且国家之间处于不同的产业梯度,贸易互补性明显高于贸易竞争性,从长远看,具有良好的贸易合作前景。但是,由于"一带一路"沿线国家经济发展水平、与中国贸易紧密度存在较大的差异,贸易过程中也存在贸易成本普遍较高、区域贸易保护严重以及大国之间地缘政治的博弈影响等障碍。具体体现在：一是过高的关税壁垒阻碍了贸易自由化，导致沿线国家贸易成本过高。双边或多边自由贸易区有待于在投资贸易便利化实现制度突破。由于沿线国家发展水平较不平衡，包含着多个发达经济体与落后的发展中经济体，难以形成统一的协调机制，其关税壁垒总体较高，在一定程度上阻碍了国家之间的自由贸易。另外，"一带一路"沿线国家或地区较多，一方面能够促进资源的有效配置与资源利用效率的提升，但同时，由于沿线不同国家各自设置的贸易壁垒，增加了贸易过程中的各类软性与硬性贸易成本支出，从而导致沿线国家之间贸易成本居高不下，自由化程度较低，例如贸易便利化水平不高、海关效率较低、通关手续繁杂等其他因素对贸易畅通均起到一定的制约作用。二是大国之间地缘政治的博弈影响"一带一路"贸易总体进程。"一带一路"倡议不仅是一项重要的全球投资计划，更是全球经济地缘战略重构的重要尝试。中国"一带一路"建设目标是构建中国对外经济交往的大通道，这一战略成功与否，从根本上仍取决于中美两国博弈的结果。在大国博弈背景下对"一带一路"建设的考量，亟须围绕自身金融体系建立一套稳固的信用体系。此外，"一带一路"沿线国家文化多元化、种族歧视、地区冲突、政局不稳定等因素使沿线贸易面临较大的市场风险。

为更好加强贸易合作，实现"一带一路"区域内贸易畅通的目标，应首先选择与重点国家密切合作，发挥中国现有的产业比较优势，建立合理的贸易产业链，并通过加强基础设施建设以及政策领域的互联互通等措施降低对外贸易成本。

一、选择重点国家密切合作，
建立合理的贸易产业链

"一带一路"沿线国家众多,发展水平不一,姿态各异,有些国家对中国提出的"一带一路"倡议给予了积极响应,有些国家持观望态度,也有些国家怀有疑虑,"中国威胁论""中国扩张论"等不实言论不绝于耳。因此,可以在各区域选取重点国家作为经贸合作的样板,构建一批全面开放的区域合作走廊和海上战略支点。

以中亚为例,哈萨克斯坦既是中亚地区的最大经济体,也是中国在中亚地区最大的贸易伙伴国,哈萨克斯坦对于"一带一路"倡议是积极响应的,将中国的丝绸之路经济带倡议列为"2015 年中亚十大最重要事件"之一,积极寻求丝绸之路经济带倡议与国内经济战略的有效对接,因此,中国在与中亚地区的合作中可以首先选择哈萨克斯坦作为重点,加大与哈方贸易与投资的力度,力争早日能出合作成果,将中哈合作模式作为将来中国与中亚其他四国合作的样板来推广。

以此类推,综合考察沿线各国经济发展水平、贸易开放程度、政治制度稳定程度等因素,建议在东南亚区域推进"一带一路"倡议应该选取新加坡、印度尼西亚、马来西亚等国家作为重点伙伴国,在南亚区域应该选择印度和巴基斯坦,在原独联体区域选择俄罗斯,在西亚区域选择沙特和土耳其,在中东欧区域选择波兰和捷克。

二、充分利用双边贸易的互补效应，
"以点带面"提高贸易合作效率

（一）应努力挖掘进口贸易的合作潜力，促进双边贸易合作的均衡发展

中国的"一带一路"倡议在贸易领域取得显著进展，突出表现在出口贸易方面，但进口贸易合作明显滞后，出口贸易的发展速度和效率明显高于进口贸易。中国与"一带一路"地区的出口贸易联系远超进口贸易，导致双边贸易严重失衡，增加贸易伙伴的国际收支压力，既不符合"贸易平衡"的规划目标，也不利于"一带一路"倡议的顺利推进。

实际上，中国与该地区的进口贸易还有相当大的潜力，但由于中国及世界经济增速趋缓、当地基础设施条件落后、贸易投资便利化水平偏低等因素的限制，进口潜力难以转化为现实的贸易流。中国应利用自身的资金和技术优势，通过工程项目合作帮助这些地区改善基础设施条件，通过对外直接投资促进这些地区的制造业发展和就业增长，努力形成互利共赢的伙伴关系，将"一带一路"倡议推向新高度。建议利用"一带一路"倡议的历史机遇，对国内部分产能过剩或竞争力趋弱的产业（如钢铁、水泥、服装、鞋帽等资源或劳动密集型产业）实施对外转移，根据"一带一路"地区的要素禀赋条件，选择合适国家投资设厂、转移产能，此举不仅有利于提高当地的工业化水平和增加就业，而且有利于平衡双边国际收支，促进沿线地区对"一带一路"倡

议的认同和支持。同时,这种产业转移也有利于那些"走出去"的国内企业提高国际竞争力。

(二)充分发挥中国现有比较优势,构建"一带一路"国际贸易产业链

中国与"一带一路"沿线地区出口贸易联系的增强主要来源于偏向性支持措施的贡献,其中一个重要因素就是中国推进"一带一路"倡议成功突破了出口贸易互补性的瓶颈约束。尽管中国在"一带一路"地区拓展出口贸易取得显著成效,但仍有超过二分之一的沿线国家市场尚待开发。中国的优势工业品在"一带一路"地区有着广泛的潜在需求,其中纺织服装产品的互补性最强,应当作为重点突破口,机电产品、钢铁则分别在东南亚、中亚地区有着较大的市场空间。建议针对出口贸易潜力国家的政治经济、产业结构等条件,因地制宜出台一揽子措施,努力营造良好的双边贸易环境,化潜在贸易空间为现实贸易数量。

相比之下,"一带一路"倡议的支持性举措似乎并没有对中国的进口贸易产生预期的积极影响,国内实际需求不足和互补性商品种类偏少的限制是主要原因。不过,中国与中亚及东南亚地区的进口贸易联系处于较高层次,由此产生的"双赢效应"对于推进"一带一路"倡议起到良好的示范作用。中国与"一带一路"沿线地区的进口贸易联系集中于资源性国家,与以色列及中东欧的工业化国家联系偏弱。建议中国拓展"一带一路"进口贸易应以矿物、石油、木材等资源品为突破口,同时争取与东南亚和中东欧地区在高端机电产品的进口贸易上取得突破,以此促进国内制造业转型升级,提升"一带一路"战略的合作层次。

三、积极营造互利互惠的贸易环境，
　为深化贸易合作提供必要支持

（一）加强与沿线国家的基础设施互联互通建设，提高运输效率，减少物流成本

到目前为止，"一带一路"沿线国家之间的基础设施互联互通和合作架构还远远没有完成，打通交通和物流障碍的任务依然任重道远，这个问题并非一朝一夕可以解决，也非中国以一国之力可以完成，需要沿线国家的共同参与和相互配合。

（二）促进贸易投资便利化

积极同沿线国家共建自由贸易区、境外经贸合作区、跨境经济合作区等，加强双边投资保护协定、避免双重征税协定磋商，消除贸易和投资壁垒。改善边境口岸通关设施条件，努力降低通关成本，实现贸易畅通。

（三）提高公共服务能力

加快公共信息服务平台建设，加强对"一带一路"地区重点市场的相关法律、准入政策、技术标准等信息的收集发布。建立应对贸易摩擦的部门协调机制，加快贸易摩擦预警机制建设，积极提供法律技术咨询和服务，指导相关行业和企业应对贸易摩擦。

四、加强政策领域的互联互通,
推动争端解决机制便利化

通过各种双边、多边、地区和国际高层论坛的平台,鼓励行业组织和有影响力的企业积极参与,共同加强具体政策领域中的互联互通,从宏观经济政策领域消除"一带一路"沿线国家因不同贸易政策造成的"政策壁垒"。关于贸易争端解决机制的安排,可以借鉴欧盟、北美自由贸易区、东盟的现有做法。考虑到目前"一带一路"沿线国家较为松散的合作现状,应该在对接现有贸易争端解决机制的同时,强调用磋商的方式解决争端,并建立区域共同专家组,以仲裁的方式解决未能协商一致的贸易争端,未来随着"一带一路"沿线国家贸易合作的日益密切,可以考虑建立区域化的司法体系,将贸易争端、投资争端、金融争端以及建立相配套的执行体系,帮助各国司法机构一道参与司法介入,推动争端解决机制的便利化。

五、探索创新贸易投资合作模式,构建
全方位的经贸产业合作格局

(一)培育新型贸易方式

大力推动跨境电子商务发展,积极开展跨境电子商务综合改革试点工作,抓紧研究制订促进跨境电子商务发展的指导意见。培育一批跨境电子商务平台和企业,大力支持企业运用跨境电子商务开拓国际市场。

（二）探索投资合作新模式

加强与"一带一路"国家在产业链条上的分工合作，推动上下游和关联产业协同发展，提升区域产业配套能力和综合竞争力。扩大服务业相互开放。积极与有关国家合作建设境外经贸合作区、跨境经济合作区等，促进产业集群发展。

（三）完善自由贸易协定建设的网络布局

在坚定推进区域全面经济伙伴关系（Regional Comprehensive Economic Partnership，RCEP）谈判的同时，加快中国与海合会、挪威、斯里兰卡、巴基斯坦、马尔代夫、格鲁吉亚、以色列等国和地区自由贸易协定（Free Trade Agreement，FTA）谈判，研究规划中国与印度、哥伦比亚、摩尔多瓦、斐济、尼泊尔、毛里求斯等国的自由贸易协定，构建以周边为基础，辐射"一带一路"的 FTA 网络。

（四）推进多层次的经贸产业合作

加强与东南亚国家的跨国产业链建设和制造业梯次合作，探索与欧洲国家在智能装备、机器设备、核电装备、轨道交通装备等领域展开合作，深化与独联体及中亚国家在油气勘探开发、石化产品制造、农产品深加工等领域的合作，推动中巴、孟中印缅经济走廊建设，规划与阿拉伯国家在能源、石化、制造业等领域的产能合作。

17

法律保障：

"一带一路"建设顶层设计的重点

"一带一路"倡议实施过程中面临诸多政治问题、法律问题以及大国博弈带来的其他问题。目前，急需运用现有的多边和双边合作机制以及国际法手段为"一带一路"倡议实施提供保障，完善海外投资管理及海外投资保险方面的国内立法，企业在"走出去"之前也应在投资规划、国别法律知识、风俗和语言培训等方面做好充分准备。

从国内和国际两个层面为中国企业提供法律保障主要有以下措施：一是运用国际法手段和现有机制解决"一带一路"倡议实施过程中面临的法律问题；二是制定新的境外投资管理法，防止企业在境外的违法行为；三是建立投资保险和商业保险制度；四是投资企业应当遵守中国和"一带一路"沿线国家的法律，在投资前做好尽职调查，做好法律人才的储备工作等。

　　"一带一路"的重要目标之一，就是促进沿线国家经济要素的自由流动、资源的高效配置和市场的深度融合。"一带一路"沿线国家的国情不同，经济发展水平差异较大，一些地区政局不稳。中国企业参与"一带一路"，法律保障要先行，"一带一路"建设有待于法律保障机制的进一步健全与完善，这就要求中国政府部门运用法治思维与法治方式应对"一带一路"实施过程中产生的各类风险与挑战。

　　对外投资是中国"一带一路"建设的核心内容，对投资企业、投资者利益的保障是"一带一路"法律保障体系建设的重要内容。"一带一路"法治化建设途径的探讨由来已久，尽管中国政府通过制定一系列的措施鼓励企业参与到"一带一路"建设中来，但是，企业仍在"一带一路"建设中存在一些外部法律问题。具体包括：一是部分"一带一路"沿线国家政局不稳造成交易过程中面临较大的法律风险。"一带一路"沿线国家的国情不同，受历史传统与文化风俗的影响，它们各自形成了独特的政治体制，政治环境各有不同，局部地区政局不稳。例如，尼泊尔等国家频繁的政权更替与调整，伊拉克、阿富汗、叙利亚等国家长期战乱，中东、中亚地区的恐怖主义活动等，这些不稳定因素将严重制约法律制度发挥其应有的作用，而一些国家仍未制定完善的法律制度，这就导致投资贸易活动过程中将产生较大的法律风险，已有的双边多边合作机制尚不能较好地保护各方的合法权益,法律制度保障起不到应有的作用。二是"一带一路"沿线国家相关法律法规研究较为薄弱,导致投资风险增加。当前,中国对世界法律研究的对象以英国、美国、德国、法国等发达国家为主,而"一带一路"沿线发展中国家或欠发达国家较少涉足,由于投资企业对东道国法律制度不熟悉,未按照该国法律规则进行操作,从而使企业投资面临一定的法律风险。受政治关系的影响,一些沿线国家制定了不利于中国企业投资的歧视性规定,阻碍了中国企业与产品的正常进入;一些国家制定法律严格限制国外投资并购,致使中国企业对"一带一路"国家投资风险增加。同时,"一带一路"涉外法律存在适用性风险,在产生民事冲突时,法院判决不利于保护中国企业的合法权益,从而产生了法律适用冲突。三是相关部门及国家之政策与制度缺少必要的协调。一些国家的贸易保护主义盛行,自由贸易区建设相对滞后,在技术标准、准入制度、海关检查、关税税率等方面设置了诸多制度壁垒,制约了"一带一路"自由贸易体系的建设。四是中国"走出去"企业自身存在着公司治理、企业制度、运营管理等问题。中国许多民营企业尚未建立规范的企业制度,对企业发展缺少长远的谋划,一些民营企业法律意识淡薄,尚未形成完善的现代企业制度与法律保障机制。

总体来看,上述因素导致"一带一路"倡议实施过程中,面临诸多政治问题、法律问题以及大国博弈带来的其他问题。目前,急需运用现有的多边和双边合作机制以及国际法手段为"一带一路"倡议实施提供保障,完善海外投资管理及海外投资保险方面的国内立法,企业在"走出去"之前也应在投资规划、国别法律知识、风俗和语言培训等方面做好充分准备。

从国内和国际两个层面为中国企业提供法律保障主要有以下措施：一是运用国际法手段和现有机制解决"一带一路"倡议实施过程中面临的法律问题；二是制定新的境外投资管理法，防止企业在境外的违法行为；三是建立投资保险和商业保险制度；四是投资企业应当遵守中国和"一带一路"沿线国家的法律，在投资前做好尽职调查，做好法律人才的储备工作等。

一、运用国际法为"一带一路"倡议实施提供保障

"一带一路"倡议提出之后，有学者建议设立区域性的法律协调机制。然而，丝绸之路是一个"经济带"而非"经济区"，并未主张建立紧密型一体化合作组织或超国家的机构，不会打破现有的区域制度安排，因此建立区域性的法律协调机制条件尚不成熟。当然，我们应充分运用现有的国际贸易规则来解决当前问题。比如，可以利用WTO争端解决机制或根据华盛顿公约建立的投资争端解决机制来解决相关争议。中亚国家中吉尔吉斯斯坦、塔吉克斯坦、哈萨克斯坦已经成为WTO成员，乌兹别克斯坦和土库曼斯坦也正在努力加入世贸组织。"一带一路"沿线多数国家也同时属于华盛顿公约的成员。运用现有的争端解决机制来解决纠纷是主要途径。

"一带一路"倡议实施涉及诸多国家，同一个案件在不同国家审理会出现不同的判决，增加了国际商事争议的复杂性，措施上：一是采用条约的方式，制定国际冲突法解决方法，这对企业投资法律适用问题具有重要意义；二是政府可以通过签署双边

或多边协议的方式来解决法律制度不统一所带来的问题;三是
与沿线国家签订投资保护协定,若遭遇政治风险,可以与东道国
友好协商解决,向其法院提起诉讼,或选择将该争端提交专设的
仲裁庭,维护合法权益。

二、完善中国的海外投资保险法律制度

"一带一路"沿线国家系政治问题高发区。企业为了避免
风险,可以依赖海外投资保险制度。海外投资保险是一种特殊
的财产保险,是保护本国投资者在海外投资的财产安全,对其可
能遇到的政治风险给予承保,当承保范围内的政治风险发生,对
造成投资财产损失的部分给予补偿。海外投资保险制度的保险
范围仅局限于政治风险,其包括两个方面内容:一是东道国未来
政治环境变化的不确定性;二是东道国社会和政府影响外国投
资者利益的未来行为的不确定性。购买海外投资保险是"一带
一路"倡议实施过程中的一种必要风险预防对策。

然而,目前海外投资保险业务的规模不大,相关法律制度也
未受到应有的重视。到目前为止,中国未对出口信用保险(含
海外投资保险)问题作出明确规定,而是通过一系列部门规章
对海外投资保险业务进行管理。最高人民法院在2013年5月2
日发布了《关于审理出口信用保险合同纠纷案件适用相关法律
问题的批复》。该批复指出,人民法院审理出口信用保险合同
纠纷案件,可以参照适用保险法的相关规定;出口信用保险合同
另有约定的,从其约定。"一带一路"倡议是一种全新的对外投
资模式,所涉及的法律关系复杂,仅适用保险法相关规定并不能

有效保障中国的海外投资。另外,中国出口信用保险公司海外投资保险的覆盖面仍然较低,其提供的海外投资险,仅局限于政治动乱、外汇汇兑限制、战争和政府征收等风险。因此,为适应"一带一路"倡议实施的需要,要具有全面的险种设置规划,拓展出口信用保险的业务范围。

三、制定境外投资管理法,防止
企业在境外的违法行为

为使"一带一路"倡议得到国际社会的支持和认可,必须对企业行为进行规制。中国法治建设应为"一带一路"倡议实施提供有效的、可持续的支撑。在立法方面不但要为"引进来"的企业提供便利,也要为"走出去"的企业进行监督和保护。完善海外投资和贸易相关的国内法律制度,形成一套严密的监管体系。例如,中国企业想要到外国投资必须具备一定的资质,要对企业的资金和技术能力等方面进行审核,做好事前审查。如果在海外的企业违反了中国的境外投资管理法,还应对其进行事后的惩罚。

在海外投资方面,中国相继出台了一系列的法规和规章。由于中国长期以来以投资输入国自居,在海外投资法律制度方面,国务院各部门颁布了数十件关于海外投资的法规和管理办法,但立法指导思想均重在管制,较少涉及企业海外投资的法律保护问题。从立法内容上来看,有些法规和规章由于颁布时间早,法律的内容已不适应当前海外投资发展的需要,且相互之间缺少衔接,甚至出现矛盾。商务部于2014年实施修订的《境外

投资管理办法》,对境外投资行为进行相应的规范和保障。然而,对于境外投资的管理,还未上升到法律层次。笔者建议,在中国经济"走出去"的过程中,应尽快制定一部系统的境外投资管理法,制定以"管理和服务并重"为立法的指导思想,规范企业海外投资行为的同时规定政府的责任,以保护企业的对外投资权益。

四、企业在参与"一带一路"倡议 实施过程中应做好尽职调查

"一带一路"沿线多为发展中国家,在投资过程中面临着政治问题、法律问题和大国博弈带来的其他问题。尤其在当前主权债务危机蔓延、地缘政治日趋复杂、国际贸易保护主义持续升温,以及国际市场竞争更趋激烈的情况下,企业在"走出去"之前应在投资规划、国别法律知识、风俗和语言培训等方面做好充分准备。企业"走出去"通常面临五大问题:"对投资地的法律不熟悉、市场调研论证不全面、海外投资业务优秀人才少、国内配套政策跟不上、外界打压。"其中,企业在"走出去"之前对市场调研论证不全面的问题最为突出。

"一带一路"沿线国家的政府组织结构、政党体制与中国差异较大,在税收、产业政策、外贸投融资管理政策、外汇和汇率管理制度等与中国相比有较大不同。中国企业在这些国家投资需要首先了解投资国的法律制度,在尽职调查时需要调查负面清单,即产业政策。如果属于负面清单的产业,就不能投资,只能考虑出口产品或服务;如果没有这方面的问题,就要从贸易保

护、公平贸易等方面的法律法规来考虑。如果属于境外对中国产品反倾销、反补贴调查较频繁的行业，就应当考虑先出去投资办厂，在当地生产产品，从而避开反倾销的法律障碍。

对可能因政治风险引发的中国企业与外国政府之间的纠纷，企业可以通过中国商务部及驻外使领馆等机构调查投资东道国与中国是否签署双边投资保护协定，是否共同加入某区域性投资保护协定，是否有争端解决机制的安排，调查投资东道国是否是世界贸易组织成员等，以此选择投资目标国和确定解决纠纷的路径。

18

利益保护：

"一带一路"增进互信的基础

　　"一带一路"倡议是经济全球化的升级版，是中国参与全球治理的重要举措，维护海外投资利益也是全球治理的重要内容。

　　全球化促使各国参与到全球治理过程之中，国家的角色也在这一过程中被重塑。在全球治理中，中国应该如何找准自己的角色定位，如何维护好海外投资利益，规避海外投资风险，实现与沿线国家的互利共赢，是关乎发展的大事。

　　以互利共赢为核心，以共商、共建、共享为全球治理理念，加快海外利益保护能力建设，积极推进"一带一路"资金融通进程，与沿线国家共同打造政治互信、经济融合、文化包容的利益共同体、责任共同体与命运共同体。

"一带一路"建设中中国海外投资利益维护面临着两个重大问题：一是如何与沿线国家增进互信，共同规避投资风险；二是如何解决与沿线国家的投资争端，以有效预防投资利益的减损。

如何破解中国与沿线国家互信欠缺、政治和法律风险凸显、投资争端解决的法律冲突、机制选择和仲裁选择复杂等问题，主要有以下几种途径：一是为沿线国家提供更为丰富和形式多样的公共产品；二是积极对沿线国家展开公共外交和法律外交，做到"两个并重，一个需要"，提升沟通能力；三是积极推进"一带一路"海外投资利益维护的制度和机构建设；四是构建互利共赢的海外投资风险过程式防范体系。

一、为沿线国家提供增进互信的公共产品

中国应该为相关国家提供更为丰富和形式多样的公共产品，以增进与沿线国家的互信。沿线国家对"一带一路"海外投资的质疑主要在于对"一带一路"带来的好处不清楚，担忧本国利益受损。杭州 G20 峰会中国提出参与全球经济治理的方案，即以一种创新联动包容式的发展推进全球经济治理变革。作为构建命运共同体的重要经济举措，中国也成功推动了亚洲基础设施投资银行（以下简称亚投行）的建设。作为"一带一路"建

设的融资平台,亚投行以加强基础设施互联互通化与经济一体化为宗旨,重点支持基础设施建设,目前已为"一带一路"建设参与国的 9 个项目提供 17 亿美元贷款①,亚投行的成立体现了大国担当,中国智慧,意义重大。

"一带一路"地区海外投资利益的维护需从防范投资风险入手,化解地缘风险带来的矛盾,正确处理错综复杂的地缘政治关系,积极面对可能存在的政治风险

"一带一路"地区的投资环境具有鲜明的风险特征。大片区域是第二次世界大战后地缘格局的边界地带,集合了当今全球大部分地缘风险的主要矛盾。中亚是地缘政治风险的突出地区,东南亚国家则被美国、印度、日本等炮制的"印太战略"阴云笼罩,西亚北非地区是中国能源安全和海运安全的关键地区。历史、宗教、民族矛盾和地缘矛盾交叠,为"一带一路"的海外投资带来复杂的风险。面对风险,中国政府应加强规范与引导,与沿线国家做好经济合作的治理和规划,倡议通过双边谈判的方式解决政治争端,通过与沿线国家加强双边与多边方式开展经济合作,共同拓展经济合作、互利共赢新模式,共同致力于政策、设施、贸易、资金、民心等"五通",管控好"一带一路"风险。

海外投资利益的维护以增信释疑为着力点,从支付清算体系、民心工程建设、投资合作理念与模式、投资规则与制度、国际投资机构等层面进行战略对接。从支付体系建设来看,支付清算的畅通化是扩大海外投资的前提条件,中国应该不断创新与推广支付基础设施、金融技术标准与电子支付服务,加快云平台

①　习近平:《携手推进"一带一路"建设》,《人民日报》2017 年 5 月 14 日。

建设与大数据开发应用,助力"一带一路"海外投资。作为亚洲支付联盟的统一跨境芯片卡标准,中国银联已与"一带一路"建设参与国的343家机构签署了合作协议,50多个"一带一路"建设参与国开通了银联卡受理业务①。从民心工程建设看,中国应该广泛开展医疗卫生、教育减贫、生态环保等公益慈善活动,促进沿线贫困地区生活条件的改善,同时发挥好新媒体工具的作用,塑造和谐美好的文化生态与舆论环境,为海外投资奠定良好的民意基础。从全球多边金融机构看,中国不仅应该加速融入全球性与区域性的开发性金融机构,而且应该继续支持亚投行、新开发银行、丝路基金、中东欧"16+1"金融控股公司等发挥更大作用,积极引领新型多边金融机构的成立,助力全球经济治理的平衡发展。

二、展开公共外交和法律外交,做到"两个并重,一个需要"

通过公共外交维护海外投资利益,可以促进沿线国家公众对中国海外投资的认识,获得公众认同,提高公众对维护海外投资利益的参与度;通过建立与沿线国家公众的互动平台和对话网络,能够实现求同存异,降低"中国威胁论""中国掠夺论"等论调的舆论风险,具体来说,可以从"两个并重,一个需要"着手:

---

① 时文朝:《打造"一带一路"银联支付网络》,《人民日报》2017年9月7日。

(一)政策宣传和释疑并重,倡导双边、多边对话,扩大利益契合点,打造经济融合的利益共同体

进一步全面宣传中国海外投资政策、法律法规、基本精神,使沿线国家深入了解中国进行海外投资的基本原则和目标,让沿线国家认识到共同维护海外投资利益的好处,扩大利益契合点,共同打造经济融合的利益共同体。一方面,倡导双边、多边对话,避免单一单向的信息传递模式,造成各方信息误解;另一方面,避免使用一些政治色彩的词汇,在翻译过程中容易产生歧义,使沿线国家有防范和疑虑,容易造成沿线国家的误解和认知偏差。

(二)外交与法律建设并重,增进与沿线国家的法治认同,打造维护海外投资利益的互利共赢的法治环境

法律在维护海外投资利益方面具有稳定、规范的特点,但是许多沿线国家在投资领域的法制建设并不健全,司法环境不佳,法律体系变更频繁,通过已有国际投资条约解决投资争端,维护投资利益还具有局限性。增进与沿线国家的法治认同,包括适用于沿线国家的投资法律、投资争端解决机制、法律咨询机制、法律援助制度等建设。推动投资领域国内法和国际法学术交流和访问考察,建立"一带一路"法律精英培养计划,尤其是要加强与沿线国家的国际司法协助,推动缔结双边或者多边司法协助协定;充分发挥上海合作组织最高法院院长会议等司法领域内的合作机制,推进沿线各国司法机构之间的合作,建立外国法查明工作平台,与沿线国家一起打造维护海外投资利益的互利共赢的法治环境。

（三）海外绿色投资理念需要构建一套符合国际规范、高效适用的环境保护标准，消除投资疑虑，实现可持续发展

"一带一路"沿线，太阳能、风能等新能源富集，风电、光伏等新能源项目表现活跃，同时，不少"一带一路"沿线国家制定了明确的环保标准。对此，首先，中国应该与"一带一路"建设参与国一道，构建一套符合国际规范、高效适用的环保标准，建立一种全方位、高水平的生态环保合作机制，为东道国和投资国带来双赢，才能促进"一带一路"倡议持续、高效地发展和实施。此外，中国应建立一种完全透明的生态环境信息披露机制，鼓励对外投资和企业积极提升投融资活动的透明度，定期向沿线国家公布生态环保状况，并且与沿线国家的利益相关者定期沟通，防止项目融资过程中的腐败与寻租现象发生，形成和谐的投融资氛围。其次，中国应该培育与强化海外绿色投资理念，加强与沿线国家相关利益方的沟通交流，加强投资指引，消除各方信息误解与投资疑虑，增信释疑。最后，海外投资企业应选择生态环保材料与技术工艺，确保符合国际公认的环保标准，保证基础设施建设的低碳化和绿色化。同时，绿色金融要重点支持沿线的清洁能源、生态修复、环境治理、生态农业、绿色建筑和绿色交通等绿色项目，将社会资金引导到绿色产业上来。

三、海外投资利益维护的制度和机构建设

制度和机构是沿线国家投资合作的重要载体，也是维护海

外投资利益的重要保障。通过制度建设,一方面可以将沿线国家投资利益诉求规范化,能够为国家间合作提供较为透明、开放的平台,另一方面可以减少不确定和不稳定因素,通过制度的外溢功能,能够为构建沿线国家利益共同体起到作用。通过机构建设,一方面可以为海外投资者提供专门的信息与专业咨询服务,做好充分的海外投资准备,另一方面可以在推进沿线国家间合作时发挥指导与协调作用,以保障"一带一路"倡议的顺利实施。

(一)积极利用现有的多边投资合作机制,努力探索多元的海外利益维护机制,促进海外投资利益诉求规范化

在制度建设方面,积极发挥上海合作组织、中国—东盟("10+1")、亚太经合组织、亚欧会议、亚洲合作对话、亚信会议、中阿合作论坛、中国—海合会战略对话、大湄公河次区域经济合作、中亚区域经济合作等现有的多边合作机制作用[①],探索与沿线国家的多边投资条约,适用于所有沿线国家的"一带一路"投资争端解决机制、"一带一路"海外投资利益维护机制等。中国应该建立一种高效适用的海外利益维护法律制度,主要包括海外投资监管法律制度、海外投资法律制度、海外投资援助法律制度以及海外投资保险制度等。在非正式制度方面,可以探索海外投资利益维护方面的备忘录、声明、合作框架、临时安排等运用到制度建设中。

---

① 国家发展改革委、外交部、商务部:《推动共建丝绸之路经济带和21世纪海上丝绸之路的愿景与行动》,新华社,2015年3月28日,http://news.xinhuanet.com/finance/2015-03/28/c_114793986_2.htm。

（二）全面发挥多边投资担保机构公约作用，设立"一带一路"投资争端解决机构，加快海外投资利益争端解决的进程

在机构建设上，首先，中国应该加强与多边投资担保机构（Multilateral Investment Gurantee Agency，MIGA）的合作交流，助力海外投资者与沿线国家间猜疑的消除，解决"一带一路"投资争端。其次，中国应设立"一带一路"投资争端解决机构。一是设立"一带一路"投资争端解决机构体现沿线国家共同意愿，同时为中国与沿线国家海外投资利益提供机构保障；二是投资争端解决机构的设立可以先民间后官方，再交由政府间谈判达成共识；三是以仲裁作为投资争端解决的主要方式，充分发挥法律和外交在投资争端解决问题上的双重作用。"一带一路"投资争端解决机构的职责可包括但不限于以下：负责对投资协定的解释；调解争端方之间的投资争端；协助争端当事方选择仲裁员，具备具有公正性和合法性的仲裁员名单，监督投资争端解决的结果和仲裁裁决的执行，防止当事方之间的报复；定期发布有关争端解决的信息等。

四、构建互利共赢的海外投资
风险过程式防范体系

从利益冲突规避入手，评估"一带一路"海外投资风险发生的概率、强度以及可能的后果（如利益对相关方的重要程度、相关方追求利益的动机和敏感度、不同利益潜在冲突、利益冲突造成的潜在损失度和负面影响度等）能够从源头有效地防范海外

投资风险;从风险种类着手,明确"一带一路"海外投资风险的具体类型(如政治风险、法律风险、自然风险、文化风险与经营风险等),针对每类风险制定切实可行的风险对策;从目标上来看,维护海外投资利益首先是规避投资风险的发生机会和概率,以及风险发生后如何减少损失。

构建互利共赢的海外投资风险过程式防范体系,有利于形成"利益共享、风险共担"的机制。维护海外投资利益,规避投资风险应该包括环境调查、职能职责、目标设定、风险识别、风险评估、风险应对、控制活动、信息沟通和监控的全过程。在分析风险发生环境过程的基础上,架构一个包括管理当局、涉及的主要利益方在内的风险管理机构,明确各方在风险管控中的职责,同时根据风险管控的具体目标,定义风险容量,分析风险发生的诱发因素以及导致的结果,选择风险识别技术,并对政治、法律、社会等风险发生的可能性和影响以及相关事件之间的联系作出评估,根据评估结果选择应对方案。此外,应充分利用信息化手段,对风险评级进行动态跟踪,建立重点项目和关键指标的日常监控机制和风险预警系统,确保风险防控的常态化,随时掌握关键指标的变动情况,及时发现并防范风险,有利于提高海外投资的成功率。

19

税法创新：

中国企业"走出去"的重要保障

"一带一路"倡议下，中国企业"走出去"迎来新的机遇，能够充分挖掘利用好国内外两种资源、两个市场，积极参与国际竞争与合作，进一步融入经济全球化发展。同时，由于"一带一路"沿线国家经济社会发展水平各不相同，加上政治经济体制的差异明显，对中国企业"走出去"也形成一定的障碍。因涉及沿线多个国家税法体系，中国与沿线国家之间的跨境税收问题不容忽视。

为激励中国企业"走出去"参与国际竞争与合作，需要在现有政策基础上，进一步从全局性、战略性和可操作性角度着手，开展中国与"一带一路"沿线国家税收政策协调、完善，有针对性地助力中国企业"走出去"，参与经济贸易合作，推进中国与"一带一路"沿线国家共同发展、共同繁荣。

税收助力中国企业"走出去"，需要相关部门协调合作，构建税收法律体系，明确税收支持的产业和区域、对象等，完善税收激励政策，健全出口退税制度，加快中国与沿线国家税收协定谈签与执行工作，并建立健全中国企业"走出去"税收服务宣传机制，以此在税收政策方面助力中国企业"走出去"。

　　"一带一路"倡议自提出以来，得到了世界各国的积极回应，围绕"丝绸之路经济带"和"21 世纪海上丝绸之路"的区域多边合作意向正在逐步达成更加深入全面的发展共识。

　　伴随跨境经济贸易活动而来的税收问题显得尤为重要，不仅涉及各国的税收管辖主权，而且关乎企业是否"走出去"、怎样"走出去"的经济决策。沿线国家的法律体系涵盖大陆法系、英美法系和伊斯兰法系，在不同法系的背景下，税法规定必然会存在明显差异。而在具体法律制度下，各国更是各行其法，税法规定千差万别。公司所得税法的相关规定，是与"一带一路"倡议实施密切相关的法律问题，也是中国企业"走出去"关注的首要问题。

一、构建税收法律体系

　　伴随"一带一路"建设，以国际税收规则重构为机遇，中国势必要在税制改革、税收立法、国际税收管理等方面创新理念，特别是在未来的国际税收系统建设中，不断融入中国理念，彰显中国智慧，展现中国魅力。

　　在税制改革时要注重三个统筹，即统筹国内、国外关系；统筹中国在全球的核心竞争力；统筹国内法对其他国家的溢出效应。在税收立法时要做到三个权衡，即权衡"引进来"和"走出去"；权衡立法对国内和国外的影响；权衡制定的协定、条款是否具备全球视野和思维。

中国虽然对企业国际业务的税收规定众多，但其规定分散在不同的税法或体例里面，不利于统筹考察其对企业对外贸易和对外经济合作的影响效果，并且不同法律之间的衔接不畅容易出现矛盾和冲突。财政部和税务总局应该整理、分类及合并中国整个税收体系中对企业的国际业务相关的所有规定，制定一个与"一带一路"沿线国家相关的国际业务税收征管手册，供企业和个人学习。同时，由于中国"一带一路"各方推进的进程非常迅速，全国各个地区经常会有新的政策发布，税务机关应当安排专门的部门及时收集中国新出台的支持"一带一路"的税收政策，并收录进税收征管手册，定期对手册的内容举办讲座，对企业进行讲解。

当然，不能只在建立税收征管手册这一形式上使"一带一路"税收优惠政策形成体系，内容上也应当构成一套完备的法律体系，通过完善、修正，做到类别齐全、口径一致，使得税收政策能够帮助和激励企业发展沿线国家的国际业务。对需要重点扶持的行业和企业可进行单独的规定，但同时也要注意税负的公平。

此外，还应对企业在国外开展业务的行为进行监督和管理，对他们在境外的法律地位和权益与母国协商确定，不仅仅是对企业在国内的行为进行管理，更是适应当前经济全球化的大环境的必要举措。

二、明确税收支持的产业、区域和对象

"一带一路"的税收优惠政策应当主要扶持那些基础设施建设项目、服务行业以及与沿线国家的商品贸易。通过多种税收优惠手段协调作用，来降低企业在沿线国家开展业务的税负。此外，可以对企业进行一定限额和年限的税收减免或优惠，在所得税中就某些费用采取加倍扣除或可以抵免应纳税额、扩大出口退税的范围和比例等等。

除了明确产业导向，也要明确区域导向，将税收优惠的区域集中在大部分亚洲国家以及中东、中欧、非洲等沿线国家。企业在这些国家开展业务，可以适用较低的税率或免税，而且其费用加倍扣除，或者在这些国家的所得不计入企业的应纳税所得额。

同时，还要明确税收优惠的主要对象是中小民营企业，国家对小微企业的扶持是一直以来的政策主张，所以在国际业务上也应当对其进行适当的优惠，以培育其发展壮大。

三、完善税收激励政策

对于税收抵免，税务部门可以在之前的"分国不分项"方法的基础上增加一个"综合抵免法"，让企业自由选择运用哪种方法进行计算。中国之前的税收抵免层次单一，应当参照外国的做法，施行多层抵免，可以允许抵免到第五层企业，从而切实减少企业对外投资时的税收负担。

对于税收饶让，税务部门还应在进一步扩充税收协定的签

订国家数,并且分析当前已签订的税收协定还有哪些不完善的地方,及时进行改善,而且要站在母国的立场主动承担税收责任。

对于关税,当前有很多进口的商品,其实际是以中国的产品为原料的,是中国商品以原料的形式出口出去,在境外变成成品又回到国内,当前中国没有针对这一类商品的优惠政策,应当增加这类产品的关税优惠,从而降低这类产品再进口回来时的价格。

对于营业税,应当在营改增推开后,进一步完善增值税体系中的出口退税,重点加大对服务行业的优惠力度。

对于企业所得税,第一,企业在进行海外业务时可以设立亏损准备金,在计算应纳税所得额时予以扣除,减轻其税收负担,当对外投资发生实际损失时,可在法定范围内进行合理抵扣;第二,如果企业在海外投资时购置了固定资产,允许企业在计算应纳税所得额时对固定资产进行加速折旧从而减少应税所得额;第三,若企业暂时因为资金周转问题不能及时缴纳企业所得税,可以申请延期纳税,具体时间和规模可以按企业性质和企业在海外经营的具体业务来决定;第四,如果企业在国外缴纳了企业所得税但按照中国税法企业还要就该业务交所得税,则企业可以申请将境外已纳税额在境内应税所得额中进行抵免;第五,在亏损结转上,以前允许企业境内亏损额5年内在应税所得额中进行抵免,当前建议把企业的境外亏损也算在亏损抵免范围之内,让政府与企业风险共担、利益共享。

四、健全出口退税制度

现阶段中国规定的出口退税比率和发达国家比相对过低，而且能够享受出口退税的税种非常有限，目前只有已在国内缴纳过增值税和消费税的商品出口是享受出口退税的。虽然从2008年之后，中国的出口退税率已经一再地被提高，但这并没有表明中国的出口退税率已达到当地水平，综合来看还是较低，而且出口退税的结构也不甚符合企业的实际要求，再加上世界经济还没有从金融危机中完全摆脱出来，对外贸易依然非常难做，所以中国企业很难也没有动力去开拓商品出口市场。

中国出口退税的分担机制也仍有待改进。目前中国实行的是中央和地方共担出口退税的税额，而商品从生产到加工完成再到出口国外，中间经过了非常多的步骤，而且在几个省之间流转，所以在这过程中的增值税或消费税同样在几省之间分布，而最终的出口退税只有一个省份与中央政府分担，这打击了该地区政府鼓励企业加大出口的积极性。

中国利用出口退税政策激励企业扩大出口贸易已有多年经验，但政策调整相对滞后，且中国的出口退税率相对于其要达到的政策意图还是较低。应当根据税收激励的产业、区域导向施行差别税率，充分发挥出该制度最大的激励作用。对于享受出口退税的税种范围应该适当扩大，比如将城建税及教育费附加也纳入其中。改进出口退税额的分担机制，适当下调省级政府的分担比例，或每年出口退税额的增加值均由中央财政负担，以此减少地方政府的财政压力，激励其促进当地的出口贸易。

五、加快中国与沿线国家税收
协定谈签与执行工作

"一带一路"倡议并非只关注中国与沿线国家的关系,从长远来看该倡议旨在打造次区域、广区域、泛区域的多国经济合作,那么沿线英美法系国家、大陆法系国家、伊斯兰法系国家在公司所得税法方面存在的诸多差异,必然会带来跨境税收协调问题。

该问题根源于不同法系之间的客观差异,从具体问题来看,例如东南亚多国的公司所得税法缺乏反避税条款,必然会影响英美法系与大陆法系国家在共同应对税基侵蚀和利润转移问题上的行动一致性。

在整个沿线国家格局中,伊斯兰法系国家的情况还要特别关注。尽管大多数伊斯兰法系国家在现代化进程中吸收了其他法系的做法,且双边税收协定网络已经较为全面,但是如何在更进一步的经济合作进程中有效协调伊斯兰法系国家与其他法系国家之间的跨境税收问题,前景并不明朗。除此之外,实施单一地域管辖权的国家,与同时实施地域、居民管辖权的国家之间的税收协调等,同样是不可回避的跨境税法冲突问题。

由此,需要加快中国与沿线国家税收协定谈签与执行工作。在世界每年举行一次的征管会议召开前期,中国可以联系沿线国家的税务部门就"一带一路"税收问题开展一次高层次的讨论,促进税务部门提高征管能力,有效组织税收收入,在金融方面提供更多的优惠,促进"一带一路"的深远发展。

税收协定是避免双重征税的制度保障，建议国家有关部门加快与尚未签订税收协定的国家或地区进行谈判和沟通，进一步扩大税收协定谈签范围，明确税收合作条款，并督促各级税务部门依法执行，营造良好投资氛围，引导中国企业"走出去"参与沿线国家建设。

六、建立健全中国企业"走出去"税收服务宣传机制

建议由国家税务总局、各级政府、地方国税与地税部门，根据需要分别组织不同层次、不同类型的"税收服务'走出去'企业专场活动"，通过税企沟通和部门合作平台，把握"走出去"企业涉税需求，宣传介绍沿线有关国家税收政策，解答企业涉税问题，强化税收服务手段，引导企业防范税收风险。

同时，更应该遴选和邀请一些有对外合作成功经验的企业，在"税收服务'走出去'企业专场活动"上介绍经验和分析可能风险与应对举措，为中国企业"走出去"稳妥到沿线国家开展投资、承包工程、服务贸易等提供借鉴经验，实现政府与企业多赢目标。

20

地理空间：

"一带一路"全球分工新格局

地理学是一门综合性很强的学科,近年来在服务国家战略、全球战略方面,发挥了重大的作用。在"一带一路"倡议的推进、经济全球化的深入发展等诸多方面,地理学也提供了其独特的视角。

从地理学视角来看,"一带一路"倡议体现了"包容性全球化",是一种合作发展、和谐发展的共赢理念;旨在构建一个跨区域合作平台,提供一种更加便利的区域合作方式,带动沿线国家发展。

"一带一路"倡议的提出和建设,会带来新的地缘政治、经济格局变化,涉及参与各国之间利益的协调,也会影响国际格局的调整;并会释放各国基础设施建设的需求,刺激当地经济发展,促使相关产品在当地形成"本地市场效应",带动对外投资和贸易;能够重塑国内外经济地理,吸引中国相关企业向外转移,促进中国产业结构优化升级。

　　基于"一带一路"的地理空间审视,"一带一路"建设是中国根据国际形势新变化,主动应对世界发展机遇与挑战,统筹国际国内两个大局,打造全方位对外开放新格局,推进中国与周边国家区域合作与发展的重大战略举措。以发展五通为合作重点,推动建设开放、包容、合作的地区治理体系,它对于拓展中国横跨欧亚大陆的地缘经济发展空间,重塑欧亚大陆地缘政治、经济格局,创造和平与稳定的地区安全环境,全面提升中国周边外交的政治、经济和文化影响力,具有重要的地缘战略意义。

一、"一带一路"倡议体现了"包容性全球化", 是一种合作发展、和谐发展的共赢理念

(一)"包容性全球化"是一种合作发展、和谐发展的共赢理念

　　地理学家很早就提出"包容性全球化"的理念。"一带一路"倡议旨在为各个国家共同探索国际经济治理新机制提供一个平台,"'一带一路'……是推动经济全球化深入发展的一个重要框架……不是简单地延续以往的经济全球化,而是全球化的一种新的表现形式,其中的突出特征是融入了'丝绸之路'的文化内涵……是包容性全球化的表现"。这一观点得到了广泛的认可。

相比于新自由主义的全球化战略更加强调流动性和隐匿的资本掠夺，"一带一路"强调的是建构多边互利共赢的共同体，包容性全球化不仅为资本空间扩张和积累服务，也顾及居民生活的需要，强调双边甚至是多边合作和协商，着力打造政治互信、经济融合和文化包容的利益共同体、命运共同体和责任共同体。

（二）"包容性全球化"的"一带一路"倡议具有丰富的理论与实践内涵

"包容性全球化"的核心内涵包括，国家应发挥好"调节者"的角色、解决资本市场"期限错配"的问题、选择适合国情的发展道路、保障各方平等地参与全球化，以及在经济全球化过程中保护文化多元性①。"一带一路"建设是包容性全球化的倡议，可以从以下几点来理解。第一，应重视政府的作用，特别是在维系社会公平和减少贫困方面的作用，而不是依赖市场机制解决所有问题；第二，推崇发展道路选择的多样性（新自由主义全球化只推广一条道路，即发达国家已经走过的道路），每个国家应该根据自身的特点探索适宜的发展道路；第三，强调国家之间发展战略的对接，寻找利益契合点，这并非仅仅满足资本"信马由缰"的空间扩张需要，将让更多地区受益；第四，坚持"开放包容"和"平等互利"的理念，突出"共商、共建、共享"的原则，把寻找发展的最大公约数放在首位，谋求共同发展、共同繁荣；第五，遵循"和而不同"的观念，在维护文化多元性的基础上共谋发展、共求繁荣、共享和平。

---

① 刘卫东、Michael Dunford、高菠阳：《"一带一路"倡议的理论建构——从新自由主义全球化到包容性全球化》，《地理科学进展》2017 年第 11 期。

二、"一带一路"倡议旨在构建一个跨区域 合作平台，提供一种更加便利的区域 合作方式，带动沿线国家发展

（一）"一带一路"倡议旨在构建一个跨区域合作平台

从地理学视角来看，"一带一路"倡议进一步消解了国家与边界的概念，推动了各国之间的跨边界流动性。商品、资本、技术和人员的自由流动是全球化繁荣的基础，目前，全球40%以上的GDP创造都来自商品、服务和资本的跨境自由流动。一国或区域经济繁荣不仅取决于经济体量和人口规模，更取决于国际互联互通程度。"一带一路"强调互利共赢的跨区域合作，提升各国间的互联程度，盘活和促进经济要素有序自由流动、资源高效配置和市场深度融合，推动各国实现经济政策协调，致力于打造开放、包容、均衡、普惠的区域合作架构，维护全球自由贸易网络和开放型世界经济体系。"一带一路"倡议核心连接亚欧大陆以及东南亚沿海国家的互利合作，增强亚欧大陆以及东南亚沿海国家之间的流动性，且这一跨区域合作的范围将进一步增大，有望建立全球经济新循环。

（二）构建跨区域合作平台需要系统协调与推进

在平台层面加强宏观经济政策的协调，防范不同经济政策变动可能带来的负面外溢效应；在货币稳定、投融资、信用评级等领域务实合作；推进能源资源合作机制，完善能源通道体系，

保障能源资源安全；注重互联互通规划，"一带一路"作为跨区域联通，要兼顾硬件基础和软性制度安排上实现统一，促进基础设施、政策规制、贸易投资、货币金融、人员往来等"五通"建设领域的全面融合；加强海上互联互通建设，促进海洋经济、环保、灾害管理、渔业、旅游等各领域合作。

（三）跨区域合作平台，能够提供一种更加便利有效的区域合作方式，带动沿线国家发展

一方面，"一带一路"倡议框架下搭建的跨区域合作平台，把中国的发展同沿线国家的发展结合起来，通过简化海关、边检、检疫等程序，使人口、资本和文化的跨区域流动更加便利，生产要素和商品能够更好配置。这种便利的区域合作方式，能够集聚资源、产业和市场形成联动效应，带动沿线国家共同发展，达到国家与国家之间的互利共赢、共谋社会福祉的目的。另一方面，"一带一路"从沿线各国开放合作的意愿出发，全面对接东盟、欧亚联盟、南亚区域合作联盟、欧盟、非盟与阿盟等发达经济体与发展中经济体生产与消费两大市场，将有助于促进沿线各国经济转型，推动新模式下区域乃至全球化繁荣发展。

三、"一带一路"建设会带来新的地缘政治、经济格局变化，涉及参与各国之间利益的协调，也会影响国际格局的调整

（一）"一带一路"沿线国家有着不同的资源禀赋与价值链分工

"一带一路"贯穿欧亚大陆，东边连接亚太经济圈，西边进

入欧洲经济圈。欧洲处于工业、农业的高端地位,非洲的设施农业高度发达;中亚诸国因基础设施薄弱、资源约束以及政情不同等原因,除能源输出外,并没有充分融入亚洲的价值链生产网络,只是在轻工业消费品上有一定的需求;中国高端制造业的水平还不高,技术密集型企业数量还不多,现代农业的发达水平还不够,但作为"一带一路"的源头,具有庞大的消费市场。

(二)"一带一路"建设的推进,传统的政治、经济格局发生了巨大变化,注入了更多国际化的因素

地缘政治思想并没有因第二次世界大战的结束而完成其使命,相反在世界政治经济格局发生深刻变化的今天,它仍然可以为世界各国制定全球战略提供理论基础,当然其理论蕴含的物质力量已不再主要采取战争或冲突的形式,科学、技术、经济、金融、经济规则制定权等成为各国角力的主要方面和手段。"一带一路"倡议是以亚欧"世界岛"为自然地域建立统一的经济战略联盟,以和平的方式化解美国"亚太再平衡"战略对中国的围堵和遏制,形成并巩固以中国为亚欧"世界岛"枢纽地区的地缘政治、经济格局,体现的是发展、和平、合作、共赢的基本精神。麦金德的世界岛枢纽地区并没有覆盖中国的全部区域,反而把中国的沿海地区划为世界岛内部的新月形区域范围,认为这是枢纽地区的缓冲地带。而"一带一路"则是顺应了亚欧大陆政治经济的发展趋势,枢纽地区的边界已经向中国的沿海地区延伸,而海洋将作为这个新枢纽地区的缓冲地带,构建新型区域性政治经济格局。从海洋和陆地两个方向上形成的闭环结构,把"世界岛"紧紧"捆绑"在一起,形成一个国际性区域一体化组

织,进而也可在战略上制衡以美国为首的"一体两翼"战略。这会导致沿线国家的地缘政治地位发生改变,尤其是会凸显某些国家的地缘政治价值——它们会成为"一带一路"实施过程中的地缘政治关键点或关节点。在这样的形势下,相关国家就会基于国家利益的考虑而主动地参与到地缘政治博弈中。

(三)"一带一路"建设的推进,涉及参与各国之间利益的协调,也会影响国际格局的调整

随着"一带一路"建设的推进,沿线经贸活动中"规则制定权"也可能重新分配。以新兴港口为支点发起并推动多种规格的自贸协定和自贸区的谈判;通过组建国际经济、金融、贸易、航运中心的方式,国际贸易主导权、产品定价权和资源配置权得以重新分配。"一带一路"倡议的重心是基建互通,其次是经贸合作,国际货运体系的调整会导致世界经贸合作重心的偏移,改变各国之间原有的利益天平倾向,会为"一带一路"沿线国家的发展和赶超带来新的机遇,进而打破原有的国际格局,重塑地缘政治、经济格局。

四、"一带一路"建设释放各国基础设施建设的需求,刺激当地经济发展,促使相关产品在当地形成"本地市场效应",带动对外投资和贸易

(一)"一带一路"沿线国家与中国有基础建设需求供给的互补

当前,中国的基础设施建设取得了很大成就,国内市场需求

有所缩小,相关市场在中国已经出现供大于求的情形,为了稳定经济发展,中国政府曾给予大量补贴,从而导致“僵尸企业”的出现,为解决这一问题,中国政府提出了“供给侧结构性改革”。“供给侧结构性改革”一方面要求实现产业结构优化,另一方面要求将供给引导到有需求的地方。与之对应的是“一带一路”的沿线国家,尤其是沿线的发展中国家,这些国家迫切需要发展经济,但是在经济发展过程中却遭遇了基础设施薄弱的瓶颈,由于缺乏资金、相关产业供应不足等原因,这些国家无法像中国一样进行大规模的基础设施建设,为此,这些国家迫切需要相关资金的注入以及相关产品的供给。

（二）释放沿线各国的基础设施建设需求,形成“本地市场效应”

“一带一路”建设的推进使沿线国家产生极大的基础设施建设需求,进而会提高相关产业的支出份额,从而通过“本地市场效应”吸引相关产业资本的流入,促进相关产业在相关各国集聚。不仅如此,“一带一路”倡议的推进还有利于降低各国之间的交易成本,提高贸易自由度和便利化,从而使得放大产业集聚的效果更加明显。

（三）“需求释放”和“本地市场效应”带动中国的对外投资和贸易

中国的目标在于缓解相关产业供给过剩的压力,优化产业结构,淘汰不需要的产业,而沿线的各国则迫切需要资金注入帮助其基础设施的建设,同时也迫切需要相关产业提供产品并发展相关产业。这无疑是相关企业、行业发展的新起点和重大机遇。应当鼓励资本的流动,鼓励企业的对外投资。没有资本的流动,以上的分析都是徒劳无功,没有资本的流动,产业的转移无从谈起,更无法实现长期均衡,这不利于中国的产业结构升级,同样不利于沿线各国的基础设施建设。

(四)加强沿线各国基础设施建设的融资支持

推动融资多元化可以解决沿线各国公共服务领域资金不足的窘境,可以探索推行 PPP 等模式,建立政府、社会资本多元投入机制;也可参与设立丝路基金,促进上海合作组织银联体、中国—东盟银联体、金砖国家银行合作机制建立发展,搭建开放式多边投融资平台。借此为基础设施建设开辟稳定的融资渠道,并进一步释放基础设施建设需求,提高针对基础设施建设相关产品的支出份额,从而帮助沿线各国实现"本地市场效应"。

五、"一带一路"建设能够重塑国内外经济地理,吸引中国相关企业向外转移,促进中国产业结构优化升级

"一带一路"建设有利于沿线相关国家的基础设施建设,促进当地经济发展;同时,也可以促使中国的相关产业向相关国家转移,有利于中国的产业结构优化升级,实现"供给侧结构性改革"的目标。"一带一路"倡议能够拓展沿线经济活动空间,重塑国内外经济地理,对于参与建设的各国都是很好的发展机遇。

(一)重塑国外经济地理格局,构建新型的跨区域一体化经济

首先,构建产业分工和产业转移的新"雁行"模式,这种分工模式期待由中国为雁首,由中国引领分工态势和制定分工规则。其次,把中国基础设施投资和成熟的产能转移到沿线欠发达地区。沿线的多数国家经济基础薄弱,工业体系不完善,基础设施投入不足,因此这种投资和产能转移可以提高沿线国家的基础设施水平,加快沿线国家的经济发展,形成互利互惠的共赢局面。最后,把沿线互利互惠、志同道合的国家组合成一种新的合作平台,构建新型的跨区域一体化经济组织。

(二)重塑中国经济地理格局,实现国内区域均衡发展

在"一带一路"倡议的建设和推进下,逐步实现东部和中西部的协调发展和一体化发展。一方面,"一带一路"倡议赋予中国西部大开发战略新内涵,通过东部产业的转移升级、中西部产业的承接,达到调整、优化产业结构,消除供需错配的目标。另一方面,通过建设"丝绸之路经济带"可加强中国国内的中西部与中亚、西亚、南亚地区国家之间的跨区域经济合作,对推进中国西部地区产业结构的优化升级,构建开放型经济体系,打造跨国贸易圈,加快建立与国际接轨的统一国内开放市场,这是中国中西部地区发展的一个良好契机,有利于推动中国中西部地区对外开放和国际贸易的水平,促进中国中西部经济的崛起。此外,通过"一带一路"区域合作体系的建设来联系国际与国内的长三角、京津冀、长江经济带等区域合作框架,并完善相关区域

发展的配套政策及合作模式来融入全球战略联系网络,进而促使产业结构转移与升级,培育经济新增长点,改变能源供给依赖性,化解过剩产能,增强国际有效供给,带动国内区域一体化发展。

(三)借助"一带一路"建设机遇,促进中国产业结构升级

目前,中国是大多数"一带一路"区域国家的最大贸易伙伴国,最大出口市场和对外直接投资来源地。首先,要发挥贸易结构先导效应,推动产业结构高度化升级和服务业优质高效发展;其次,要发挥贸易自由化竞争效应,提高行业生产率和培育制造业竞争新优势;最后,要发挥市场规模扩张效应,将中国优势产能、欧洲发达国家关键技术与第三国发展需求相结合,通过扩大开放形成连贯统一的要素市场、资本市场、服务市场、技术市场等,将能够在"一带一路"区域容纳更大规模的分工并促进专业化水平,实现生产率的大幅提升,促进企业技术创新和培育壮大新兴产业。

综上,从地理学视角,"一带一路"倡议的提出,面临诸多新起点和新机遇,需要正确认识、准确分析、综合把握,并不断从实践中总结经验教训,稳步推进"一带一路"建设。

21

数字贸易：

"一带一路"倡议的创新网络

　　建设网络强国、数字中国、智慧社会,推动互联网、大数据、人工智能和实体经济深度融合,是面向未来的经济布局,以"一带一路"建设为重点,发展数字经济、共享经济,是拓展对外贸易,培育贸易新业态新模式,推进贸易强国建设的必由之路。

　　依托"一带一路"开展外贸合作的目标,也指明了具体的实践路径。目前,中国数字经济发展将进入快车道,数字贸易作为一种贸易新业态,已成为数字经济的核心组成部分。

　　以创新驱动和扩大开放为动力,遵循共商、共建、共享原则,积极与"一带一路"沿线国家共建"网上丝绸之路""数字丝绸之路",推动构建普惠包容的数字贸易国际规则,稳健打造完整的全球数字贸易生态体系,拓展贸易合作空间,促进贸易全球化发展,推动世界各国共同搭乘互联网和数字经济发展的快车,为全球经济复苏注入中国动能。

　　当前全球数字经济呈现高速发展态势，以数字经济为抓手推动全球经济转型已成为国际共识。党的十九大报告提出要建设网络强国、数字中国、智慧社会，推动互联网、大数据、人工智能和实体经济深度融合，发展数字经济、共享经济，培育新增长点、形成新动能。中国数字经济发展将进入快车道。据中国信息通信研究院测算表明，2016年中国数字经济总量达到22.6万亿元，同比增长近19%，占GDP的比重超过30%，对GDP的贡献接近70%。① 中国已经成为全球数字经济发展的引领者，并希望通过自己的努力，推动世界各国共同搭乘互联网和数字经济发展的快车。

　　数字贸易作为一种贸易新业态，已经成为数字经济的核心组成部分和全球经济增长的新动力。麦肯锡关于数字经济的调研报告显示，超过50%的跨境服务通过数字化平台完成。当前全球正在掀起一场数字贸易、产业互联的深远变革，推动着互联网与产业的深度融合以及外贸产业的转型升级与创新。随着数字贸易在整个全球贸易中的占比越来越高，其势必将在一定程度上影响全球贸易格局。

---

　　① 中国信息通信研究院：《中国数字经济发展白皮书》，2017年7月13日。

一、数字贸易:改变世界贸易格局的动力源

随着经济全球化和信息化技术的加快发展,互联网作为现代经济基础设施的重要因素,正爆炸性地向经济和社会各个领域进行广泛的渗透和扩张。以发达国家为主导的全球电子商业网络正在以几何级数的倍率迅速扩张,尤为引人关注的是,在迅猛发展的现代贸易中,数字化发展趋势正在日益加强,2006 年产生出数字贸易这一极具发展潜力的崭新贸易形式。美国国际贸易委员会在 2014 年发布的《美国和全球经济中的数字》[①]报告中将其定义为依赖互联网和互联网技术建立的国内贸易和国际贸易。当前,数字贸易的发展已受到行业和学术界的高度关注,全球正在掀起一场数字贸易的深远变革,改变着世界贸易格局。

(一)数字贸易是全球化与数字化的产物——全球化为国际贸易创造必要的有利条件;数字化为国际贸易提供顺畅的基本手段

全球化与数字化,逐步影响和遍及国民经济的各个部门及其企业。首当其冲的无疑是国际贸易,没有大量的国际贸易活动,全球化就是空谈,数字化也失去其用武之地。埃森哲在 2016 年发布的《数字变革者》报告中提到,数字经济贡献了全球超过 22.5% 的 GDP。经济发达的美国和日本,其数字经济增速已经超过了本国的 GDP 增速水平,英国的数字经济更是呈三倍

---

① United States International Trade Commission:"Digital Trade in the U.S. and Global Economies,Part 2",August,2014.

于 GDP 的速度高速发展。一方面,全球化为国际贸易创造必要的、空前的有利条件。随着全球化的推进,世界各国之间的关税、非关税措施、服务业市场准入、贸易投资便利化等措施,都在向更加开放的方向调整,从而出现有利于各国企业积极参与国际交换、国际合作和竞争的新趋势。另一方面,数字化为国际贸易提供了相应的、顺畅的基本手段。大数据、智能终端等新技术使更多有形产品摆脱实物限制,转化成数字品和服务并直接通过网上传播,同时,全球电子商务支付体系、安全认证体系等领域技术的发展,大大提高了生产、交货、支付的电子化程度,共同推动着数字产品和服务市场的形成。

(二)数字贸易是商业模式的创新性突破——基于互联网平台,依托数字交换技术为基础,为品牌商家与用户提供数字交换而实现数字交易价值

新经济之潮流浩浩荡荡,企业的技术创新、产品创新、服务创新、营销模式创新时刻都在变革中。数字贸易正是迎合新经济潮流,基于互联网平台,依托数字交换技术为基础,为品牌商家与用户提供数字交换而实现数字交易价值的一种创新性商业模式。利用网络平台汇聚成针对性信息,创建直接贸易流程,一方面把生产企业的产品信息传播给大众,另一方面又将消费者的反馈提供给企业。对于企业而言,在数字贸易的平台中可以共享所有的客户资源,且一站式地解决贸易环节中的信息流、资金流、物流等问题,直接面对用户,可以更加个性化地为消费者提高服务,也可以准确洞察市场消费走势,创造新的消费需求,从而引领整个消费市场。就消费者而言,基于数字贸易的开放

性,消费者拥有更多、更加个性化的数字产品服务选择范围,以此更好地满足自身的消费需求。此外,相比于传统贸易流程,通过数字贸易可以简化贸易洽谈、产品和服务交付、资金支付等环节。据相关案例表明,数字贸易至少可以降低大约40%的交易成本,极大提高贸易效率。

(三)数字贸易是全球产业链重塑的催化剂——整合产业链上全球的服务资源,形成庞大的贸易生态圈

手续复杂、交易成本高、行业门槛高等都是传统对外贸易的重要特征,这使得全球贸易成为大型企业之间的"游戏",众多中小企业很难参与其中。相比之下,数字贸易整合产业链上全球的服务资源,形成庞大的贸易生态圈,建立一个良性的发展生态环境,为SMEs(中小企业)进入全球市场搭建更好的平台,创造更多的发展机遇,使之在全球产业链中找到自己的最佳位置。数字贸易高效的供应链能够满足不断变化的客户需求和期望,有利于帮助中小型企业打造品牌,开发高品质、高附加值且符合当地市场需求的产品,赢得客户并改善它们的出口业务,并通过模式创新和优质服务,逐步走向全球。此外,数字贸易在一定程度上能打破技术和标准的贸易壁垒,削弱垄断的地位,给更多的企业提供广阔的发展空间和业务合作的机会,进而为全球贸易发展与合作提供更加广阔的空间。

二、数字贸易:"一带一路"倡议的新兴战略支点

"一带一路"倡议是习近平总书记统筹国内国外两个大局,

根据全球发展趋势作出的重大战略决策,是关于国际经济合作理念的创新。"一带一路"沿线 65 国人口占全球总数的43.4%,贡献全球约 16% 的 GDP,贸易总额占全球贸易总额的21.7%。沿线国家人口基数庞大,地区间经济互补性较强,产业关联度高。受"一带一路"倡议利好影响,自 2013 年以来,中国跨境出口沿线国家数字贸易额呈现爆发式增长,仅 2013 年至2014 年间增速就超过 80%①。另据商务部数据统计,预计到2020 年,中国跨境电商交易规模将超过 12 万亿元,占中国对外贸易总额的 1/3 以上。数字贸易已经成为刺激沿线国家经贸合作的重要手段。网上丝绸之路作为"互联网+"和"一带一路"倡议交汇点已被写入中国"十三五"规划,其目标是到 2020 年与"一带一路"沿线国家形成基于跨境电商、数字贸易的多双边经贸合作的大通道。习近平主席在 2017 年 5 月召开的"一带一路"国际合作高峰论坛开幕式上,进一步提出要把"一带一路"建成 21 世纪的数字丝绸之路,加强沿线各国在数字经济、人工智能等前沿领域合作。数字贸易作为"一带一路"倡议的新兴战略支点,正为各国经济合作发展释放更大红利。

(一)数字贸易倡导双边、多边贸易合作,从关检税汇、数据交易、网络空间治理等层面进行战略对接,响应"一带一路"政策沟通

数字贸易倡导的双边、多边贸易合作,从关检税汇、数据交易、网络空间治理等政策层面深度交流合作,促进全球贸易便利

---

① 敦煌网大数据中心:《"一带一路"跨境数字贸易发展报告》,2017 年 9 月 12 日。

化,同时也是响应"政策沟通",助力"一带一路"建设的有力手段。数字贸易作为贸易领域的新业态,在标准规则设定方面仍有巨大的空白,尽管中国也已经颁布网络安全法,对于数据管理作出明确法律规定,但各国在数字贸易方面的政策各不相同,且缺少普惠包容的数字贸易国际标准规则。建设数字"一带一路",发展数字贸易的同时,有利于增强各国数据交易和商业化运作的政策沟通,对接各国经济战略,深化国与国之间的双边战略合作,推动建立更加公正的全球网络空间和数字贸易治理体系,进而保障数字贸易的公正、公平、有序进行。

(二)数字贸易释放产业需求红利,促进物流、交通行业的快速发展,加速"一带一路"道路联通

数字贸易的发展必然促进物流、交通行业的快速发展,从产业需求的角度上加速"道路联通",提高贸易效率。"一带一路"沿线国家贸易规模和贸易数量呈爆发式增长,2016年,"一带一路"沿线64个国家中有26个国家销售额同比提高30%以上,根据麦肯锡预测,到2050年,"一带一路"沿线地区将会贡献全球GDP增量的80%左右,这将为中国的外贸提供新的增长动能和潜力。巨大的贸易潜力也刺激道路联通建设的需求。目前中国已与"一带一路"沿线国家签署了130多个涉及铁路、公路、水运、民航、邮政等方面的双多边协定。其中,与沿线15个国家签署了16个双多边运输便利化协定,与沿线47国家签署了38个双边和区域海运协定。截至2016年年底,中国已参与了13个国家20个港口的经营,与43个国家实现直航,与欧洲11个国家的29个城市之间建立46条中欧班列运行线路。作为贸易的

新兴增长点,数字贸易的发展将进一步刺激运输网络加速建设。

(三)数字贸易拓宽全球贸易合作发展的空间,简化通关流程,提高贸易便利化,实现"一带一路"贸易畅通

贸易畅通是"一带一路"建设的重要内容。数字贸易是"一带一路"建设的新兴战略支点,与"一带一路"沿线国家共享数字贸易成果是助推"一带一路"建设、实现"贸易畅通"的重要举措。数字贸易在上下游整合了包括商家、海关、服务商、政府、金融机构、产业带、买家、海外渠道、行业联盟等平台,形成了"买全球、卖全球"的庞大数字贸易生态圈,丰富了贸易交易主体,拓宽了全球贸易合作发展的空间。数字贸易利用现代网络技术,简化通关流程,提高贸易便利化。基于互联网的开放性,买卖双方便于在网上进行签订合同,办理订购、支付结算、缴税等各项外贸业务手续,不会受时间和空间的限制,都比传统贸易流程要简便许多,极大地减少了企业和消费者的交易成本,提高贸易效率,实现"一带一路"贸易畅通。

(四)数字贸易致力于打造支付、金融、物流等供应链服务体系,减低贸易中的货币风险,保障"一带一路"资金融通

"一带一路"沿线国家的移动支付能力落后,普通民众享有的金融服务的普及程度有限,数字贸易为互联网金融创造巨大的市场空间。中国的电商经济、移动支付、互联网金融等都处于世界领先水平,在数字贸易、跨境电商、小额支付等方面积累了丰富的运营和监管经验,通过发展数字贸易,可大力支持移动支

付和互联网金融行业"走出去",加强与沿线国家的贸易金融合作,为"一带一路"沿线国家供给大批市场化运作的普惠金融产品,有效促进人民币国际化和资金融通。

(五)数字贸易交换了商品、交融了民心、交汇了文明,增强沿线民众情感沟通,促进"一带一路"民心相通

商通五洲、贸达四海是世界人民的共同愿望。古代丝绸之路就是因东西方之间商品流通交换而产生的,大漠斜阳中清脆的驼铃和串串蹄印延绵千年,交换了商品、交融了民心、交汇了文明。古老的丝绸之路见证了不同文明交流互鉴的历史,"一带一路"倡议激活了沿线国家对古丝绸之路共有的历史文化基因。大数据时代的"一带一路"数字贸易正在通过跨境电子商务输出商品和交流经验,有利于深入理解沿线国家文化、历史、宗教,消弭文化语言阻碍,缩小国家间的认知差距,凝聚共识,增强沿线民众情感沟通与共鸣,有利于增进文明互鉴,促进"一带一路"建设的"民心相通"。

三、数字贸易:"一带一路"全球治理实践的路径探析

党的十九大报告指出,要以"一带一路"建设为重点,坚持"引进来"和"走出去"并重,遵循共商、共建、共享原则,加强创新能力开放合作,形成陆海内外联动、东西双向互济的开放格局。拓展对外贸易,培育贸易新业态新模式,推进贸易强国建设。这不仅明确了中国依托"一带一路"开展外贸合作的目标,

也指明了具体的实践路径。中国要以创新驱动和扩大开放为动力,积极与"一带一路"沿线国家共建"网上丝绸之路""数字丝绸之路",推动构建普惠包容的数字贸易国际规则,稳健打造完整的全球数字贸易生态体系,拓展贸易合作空间,促进贸易全球化发展,为全球经济复苏注入中国动能。

(一)对接各国数字经济战略,扩大利益交汇点,加强在数字基础设施、电子商务、网络治理等方面的合作

全球经济社会进入数字化的时代,印度、马来西亚、阿联酋、以色列、波兰等众多"一带一路"沿线国家通过制定数字经济发展战略,促进实体经济与信息化的融合,实现经济发展双轮驱动。结合联合国贸易与发展会议提出的互联网用户普及率、使用信用卡支付份额、物流水平和安全服务器等复合指标,"一带一路"沿线国家平均值达到 49%,略高于 47.2%的世界平均水平。此外,麦肯锡预测,到 2050 年,"一带一路"沿线地区将会贡献全球 GDP 增量的 80%左右,沿线强大的需求潜力为"一带一路"沿线的外贸提供新的增长动能。这在一定程度上表明"一带一路"沿线国家具备了一定程度的数字贸易发展基础,且合作空间广阔。贸易是经济增长的重要引擎。中国应在"一带一路"倡议合作框架下,积极对接沿线各国数字经济战略,寻求数字贸易合作空间,扩大利益交汇点,加强在数字基础设施、电子商务、网络治理等方面的合作。沿线国家可借此搭乘中国快速发展的便车、快车,通过数字贸易进入一个全新的互联互通体系中,充分利用数字经济中的后发性优势,缩小与发达国家的数字鸿沟,实现弯道超车。

(二)搭建金融结算平台,完善支付结算的相关政策安排和区域内的票据阶段联合结算、银行卡网络互联,提升服务支撑能力

截至 2016 年 6 月,中国与 19 个沿线国家签署了本币互换协议,中资银行在沿线 18 个国家建立了分支机构,在卡塔尔、马来西亚、泰国、新加坡、匈牙利 5 个国家建立了人民币清算行,在哈萨克斯坦、沙特阿拉伯、斯里兰卡等 9 个国家建立了本币互换清算网络[①],但仍难以满足数字贸易快速发展的需要,金融支撑贸易发展的能力较弱。当前跨境支付主要是利用传统银行金融服务来应对跨境电商支付,其支付成本较高,还存在很大的支付结算风险。为了推动跨境电商的快速发展,可以利用区块链技术构建一个可信任的机制,来完成跨境支付以及汇兑的流程。通过协商方式搭建金融结算服务平台,完善支付结算的相关政策安排和区域内的票据阶段联合结算、银行卡网络互联,逐步建立统一的支付结算网络体系,推动"一带一路"普惠金融创新,提升服务支撑能力。

(三)加强网络空间治理,健全数字贸易相关立法,筑牢安全防火墙,保障数字贸易市场的合理性和有序性

对以互联网为基础、以数字交换技术为手段的数字贸易而言,数据跨境流通的安全性和高效性是数字贸易的生命线。从国际合作来看,数据安全威胁是全球化时代人类面临的共同问

---

① 国家信息中心:《"一带一路"贸易合作大数据报告》,2017 年 3 月 30 日。

题,尤其是数据的安全任何国家都无法视而不见,也难以独善其身。宜深入研究并严密防范网络安全可能对数字"一带一路"造成的风险,面对网络和数字犯罪的全球蔓延之势,加大国际多双边协调和跨国执法合作,筑牢安全防火墙,努力开创网络空间安全国际治理新格局。从大数据本身看,要完善"一带一路"大数据交易、流通和监管机制,健全数字贸易相关的政策法规,平衡数据跨境流动与保护个人隐私、企业商业秘密和国家信息安全之间的关系,提高数据流通的效率,减少信息不对等造成的道德风险和逆向选择,保障数字贸易市场的合理性和有序性。

（四）科学客观研判数字贸易国际发展态势,准确把握各方利益关切,构建包容普惠的数字贸易规则,优化数字贸易环境

当前全球数字贸易持续快速发展,在该议题下各国都有极大的利益诉求,但相关贸易规则并没有与时俱进,新的数字保护主义正在笼罩全球发展最快的多个市场。以政府采购向本土产品倾斜、数字跨境流动隐私安全和保护、网络审查标准不一、侵犯知识产权行为泛滥等为代表的新型贸易壁垒,严重威胁和限制了数字贸易的发展,扼杀了创新,阻碍了经济的发展,也妨害了本地区乃至全世界的企业及客户。中国在加快推进"一带一路"数字贸易规制体系建设的同时,要客观研判数字贸易国际发展态势,深入分析"一带一路"沿线国家中的有关数字贸易文本,全面透彻了解各方谈判立场,准确把握各方利益关切,协调各方利益相关者在互联网领域的冲突与矛盾。积极与国际接轨、引入国际先进管理经验,不单单是简单的拿来主义,而是要利用好目前"一带一路"倡议的历史机遇,在吸收借鉴自身和其他国家构建数字贸易国内规则经验教训的基础上,按照包容普惠的原则,通过中美、中欧等经贸谈判平台率先开展国际数字贸易规则的讨论以提升话语权,将国内较成熟的政策向"一带一路"沿线国家推行,为构建数字贸易规则发挥建设性作用。积极为推动公正合理的区域、多边数字贸易规则的建设积累经验,创建公平竞争的国际数字贸易环境。

(五)推进数字自由贸易区建设,创新数字贸易合作模式,构建全球经济创新体系,共享数字发展红利

2017年11月阿里巴巴和马来西亚政府共同倡议设立的数字自由贸易区(eWTP)始建。中国通过建立数字自由贸易区,帮助马来西亚众多中小企业开拓世界市场,特别是中小企业开展对华贸易。数字自由贸易区不仅仅是一个寻找合作伙伴的平台,同时也是一个改变传统海关管理体制机制和法律制度的大胆尝试。马来西亚政府已承诺改变自己的海关政策,利用数据库不断优化审批环节和流程,减少商品进出口的时间,从而为各国贸易发展创造良好的条件。数字自由贸易区实际上是数据交换系统,其目的就是要利用大量充分的数据信息,解决进出口贸易中信息不对称的问题。可以借助电子数据实行快速通关,中小企业可以利用电子商务企业积累的信用,直接从一个国家市场进入另外一个国家的市场。这对于节约交易成本、提高交易效率具有非常重要的现实意义。未来,中国政府还应与马来西亚政府进行谈判,签署有关"便利化"协议或者合作备忘录,从而使马来西亚和阿里巴巴合作组建的数字自由贸易区真正变成

现实。"一带一路"沿线的其他国家可以借鉴马来西亚 eWTP 的成功经验，在此基础上进行更多的创新性探索与实践，丰富数字贸易合作模式，促进全球生产要素高效流动与配置，推进沿线工业、数字贸易、互联网的深度融合，构建全球经济创新体系，重塑全球产业链，让更多的国家享受数字红利，真正把"一带一路"建设成为和平之路、繁荣之路、开放之路、创新之路、文明之路，实现互利共赢的可持续发展。

22

金融保障：

"一带一路"建设的先决条件

金融是现代经济的血液，是国家重要的核心竞争力，也是"一带一路"倡议顺利实施的先决条件，金融创新则是资金融通过程中永恒的主题。

"一带一路"建设为金融创新提供了广阔的国际平台，如何以金融创新为抓手，建立持续稳定、风险可控的金融保障机制，助力"一带一路"资金融通，成为"一带一路"建设的重大问题。

依托"一带一路"国际合作，坚持金融创新，完善金融市场体系，加强金融监管力度，健全金融法律体系，保障国家金融安全，有助于打通"一带一路"融资脉络，打造国际合作新平台，实现经济大融合、发展大联动、成果大共享的宏伟目标，建设开放包容、互利共赢的经济全球化。

　　"一带一路"建设为拓宽中国金融市场和完善中国金融体系提供了更为广阔的国际化平台，由于战略覆盖面广、实施期长，金融创新在推动"一带一路"建设的同时，也面临自身缺陷与不足的制约。核心体现在：一是金融体系不完善。金融资源配置不平衡，市场化程度不够，效率相对较低，对中小企业的支持力度不足，银行业的垄断程度仍然较高，金融产品同质化现象严重、选择面小、创新力不足。二是区域金融监管难度大。"一带一路"倡议涉及多个国家和地区，包含多样化的金融市场环境和制度安排，金融机构跨国经营，在不同地域的信息沟通、监管标准不一致，金融产品越丰富，金融机构越多，其金融风险也将越复杂、不确定，区域金融监管难度也越大。

　　为此，应尽快完善国家信用体系及相关法律法规建设，保障国家金融安全，完善金融机构体系建设，推动人民币国际化进程，扩大区域内金融服务的覆盖力度，加强金融监管合作。

一、完善互通互信的金融信用体系，提供全方位法律法规保障

　　国家信用体系及相关法律法规是"一带一路"建设中的重要"通行证"，是金融创新过程中不可或缺的关键环节。中国应该不断完善国家信用体系及相关法律法规建设，与沿线国家共

同构建"一带一路"信用体系,打造互通互信的国际化的信用经济产业链,同时,应该健全国家信用法律体系,一方面有助于营造优良的国际信用环境,增信释疑,防范海外投资信用风险,另一方面能够有效保障"一带一路"国际合作项目的顺利实施,助力诚信"一带一路"的打造。

(一)建设金融信用体系,这是资金融通的根本

国际上著名的信用评级机构屈指可数(如美国标准普尔、穆迪投资服务公司、惠誉国际信用评级有限公司),在国际专项领域合作上涉及更少,中国应该将沿线国家金融机构的信用力量组合起来,构建一套高效透明的"一带一路"国别金融信用体系,加快完善全球信用评级体系,杜绝以一个国家的信用评级标准垄断整个区域的信用评级业务。此外,中国应该积极打造自己的国别信用评级品牌,为推动国际国别信用风险评级方法发展贡献中国智慧。目前,北京国合信用研究院从"一带一路"沿线国家的国别信用状况入手,成功建立了国别信用评价指标体系与国别信用评价模型,能够从多维度对沿线国家信用状况进行综合考察,可以为海外国际合作项目提供投资参考。建设互通互信的金融信用体系,还需要建立高度透明的信息披露制度。通过信息披露消除信息不对称,形成监督,增加信用体系的可信度,降低信用风险。

(二)出台创新性的、相关性更强的政策法规,这是信用体系建设的依据

中国应该积极引导金融机构合作,支持金融信用体系的建

设,金融监管部门也要达成长期合作的协调机制,在各自金融监管范围内作出适应"一带一路"建设的法律法规安排,这是信用体系建设的依据。核心体现在:中国应该健全信用法律体系,出台创新性的、相关性更强的信用法规(如"一带一路"信用风险保障法),与沿线国家共同制定新的信用合作政策,着重完善对外投资贸易的相关法律法规,不断发展与创新中国特色对外援助法律制度。此外,应该确保信用政策与法规的合理性,以获得国际社会公众的广泛认同。

（三）充分依托国家信用开展重大合作项目,这是信用体系建设的一大亮点

针对"一带一路"区域的国别风险,中国应依托国家信用状况,对沿线国家的重大项目合作能力进行评级,此外,应制定差异化的国别信贷政策,形成诚信的道德标准和完善的信用担保制度,建立市场主体的诚信体系,特别是沿线国家企业的信用征信体系,同时应加快提高沿线国家信用能力,加速推进信用体系建设,在此基础上开展重大合作项目,助力"一带一路"国际合作项目的顺利实施。以信为用,促成重大合作项目的开展,促进区域经济一体化,这便是信用体系建设的一大亮点。

二、完善金融机构体系建设,"进来"走得通,"出去"走得稳

通过构建全方位、立体化的金融机构体系,发展普惠金融,建立多层次、功能完备的金融市场,可以充分发挥政策性、商业

性金融与开发性金融的资金支持作用,促成直接融资、间接融资、结构性融资等多样融资渠道,拓展金融机构的网络化布局,从而满足沿线国家巨大的资金需求。

(一)政策性金融机构要深耕所在领域,发挥长期性与引领性优势,为商业性金融提供前期指导与支持

中国应该充分发挥政策性金融机构(国家开发银行、丝路基金、中国投资有限责任公司、中国进出口银行和中国出口信用保险公司等)的长期性与引领性作用,一方面可以依据战略的先行规划和制度设计,提供股权性质的启动资金,能够体现战略思想,确保区域金融的发展方向;另一方面能够在基础设施、能源资源、产业发展等重大项目的金融合作方面提供战略配套资源,率先进入商业金融无法进入的领域,对商业金融无法投资的领域进行有效补充。

(二)中小企业和民间资本应积极参与,形成民间资本聚集的合力,为"一带一路"金融市场增添活力

中国应该加快PPP①、BOT②等融资模式的建设,拓宽融资渠道,降低融资成本,引导投资需求,保障恰当的投资回报率,调动社会资本进入"一带一路"建设的积极性,尤其应鼓励与引导中小企业与民间资本,助力"一带一路"国际合作及区域经济一体化。核心体现在:一要发展以民营资本为主导的"一带一路"

---

① PPP,Public-Private Partnership,又称PPP模式,即政府与社会资本合作,是公共基础设施中的一种项目运作模式。

② BOT,Build-Operate-Transfer,即建设—经营—转让。

股权投资基金,增加社会资金的流动性,促使多元投融资模式的开发,为金融市场增添活力;二要积极探索中小企业海外投资基金,联合金融机构与民间资本,为"一带一路"基础设施建设汇集更多的社会资金,从而加快"一带一路"互联互通进程。

(三)倡导中国与沿线国家金融机构"走出去",加快推动中国金融机构国际化、全球化进程

一方面鼓励中国金融机构"走出去",通过与区域内其他国家金融机构相互设立跨境分支,加强在汇付、托收、信用证等国际结算方面与境外商业银行的往来关系,与区域内金融机构开展国际合作;另一方面欢迎沿线国家金融机构"走进来",为跨境商业合作提供跨境结算、资金池、内保外贷等金融服务,丰富中国跨境金融支持载体。

三、推动人民币国际化进程,构建金融市场服务体系框架

推进人民币国际化是"一带一路"资金融通的重要内容。习近平总书记在 2017 年 7 月 14 日至 15 日召开的全国金融工作会议上指出,要扩大金融对外开放,深化人民币汇率形成机制改革,稳步推进人民币国际化,稳步实现资本项目可兑换。[①] 以人民币作为"一带一路"沿线国家的结算货币,扩大人民币在沿线国家的流通范围与规模,积极开展跨境人民币贷款、境外人民

---

① 《习近平在全国金融工作会议重要讲话》,2017 年 7 月 14 日至 15 日。

币债券融资等业务,能够有效降低国际货币美元的汇率波动风险、贸易与投资壁垒,有利于提高人民币的国际认可度,深化人民币国际化。

(一)适度扩大人民币在沿线国家的流通范围,提高人民币的国际影响力,加快推动人民币国际化进程

在相关设备输出、基础建设、运营管理时,亚投行可以提供贷款,形成以人民币为结算货币的贸易圈,提升人民币的境外流通量,减少区域内对美元的依赖;在医疗、教育等民生领域的援助和信贷支持中,亚投行也可适度扩大使用人民币的范围和数量,增加人民币在当地的存量和流通,从而引导更多国家和地区在对外贸易中使用人民币结算,形成产品流、资金流循环互动的良好局面。

(二)积极探索以人民币计价的金融产品创新,丰富人民币产品体系,逐步树立人民币的国际地位

中国应该大力支持能源资源合作、优势产能输出以及基础设施互联互通建设,将扩大本币结算贸易种类、贸易方式和结算地域范围,强化双边本币结算的配套支持,使人民币跨境支付和清算体系更加完善,有利于实现人民币的输出。此外,中国应积极探索以人民币计价的金融产品创新,开展跨境人民币贷款、境外人民币债券融资等业务,丰富人民币产品体系,从而推动人民币在"一带一路"沿线国家的认可,为促进中国对外经济、政治、文化、科技交流提供金融支撑,逐步树立人民币的国际化地位。

四、创新跨境金融服务，推动跨境金融管理体制机制的变革创新

党的十九大报告提出，要积极促进"一带一路"国际合作，这对跨境金融服务提出了更高的要求。"一带一路"建设为中国金融业创造了新的机遇，中国金融机构"走出去"的步伐不断加快，如何提高跨境金融服务能力，创新跨境金融服务，以满足沿线国家的国际化需求，成为推进资金融通进程时需考虑的重要问题。

（一）在政策上鼓励金融机构拓宽跨境金融业务布局，护航"一带一路"倡议的落地

"一带一路"倡议涉及沿线 65 个国家，市场空间广阔，发展潜力巨大，这必然会催生多元的跨境金融综合服务需求。浦发银行抓住机遇，针对"一带一路"倡议下企业跨境行为进行多维度深度分析，创建了"5+5"跨境金融服务体系[1]，助力中国企业"走出去"。对此，中国应该放松相关政策管制，简化银行等金融机构在境外设立分支机构的审批核准手续，鼓励与支持商业银行在沿线地区进行金融服务布局，完善金融网络服务，形成金融支持合力，护航"一带一路"倡议的落地。

（二）积极发展"互联网+银行"模式，开展丰富多样的金融业务，提升跨境金融服务能力

中国应积极开展国际并购与重组贷款、跨境现金管理等新

---

① 卢萍：《浦发银行布局"一带一路"跨境金融》，《新华日报》2015 年 7 月 10 日。

业务,加快推进大数据与云平台建设,积极发展"互联网+银行"模式,提升跨境金融服务能力。银行等金融机构应加快创新更加便捷高效的支付工具,促进电子支付服务的多样化与便利化,为客户提供定制化的资产配置规划、投融资顾问、保险咨询等服务,满足客户多样化的跨境金融需求。

(三)推动绿色金融管理体制机制的变革创新,充分发挥绿色金融在跨境金融服务中的重要作用

绿色金融是一种新兴的金融理论和实践,大力推进绿色金融,推动中国绿色金融管理体制机制的变革创新,充分发挥绿色金融在"一带一路"可持续建设中的重要作用,是促使国家转变经济发展方式、加快生态文明建设的重要手段。在做好风险防控的前提下,为跨境的绿色金融创造良好的制度安排、市场条件,破除不必要的障碍。加强宏观经济政策的协调搭配,协调财税政策、货币政策、信贷政策、价格政策、贸易政策、产业政策、外资政策等宏观经济政策,创造绿色金融发展的政策环境。动员和激励更多社会资本投入到"一带一路"沿线的绿色产业中,同时更有效地抑制污染性投资,实现生态环境质量总体改善。

五、建立区域金融监管合作机制

中国应该建立区域金融监管合作机制,加强与沿线国家区域信息的沟通交流,构建"一带一路"区域性金融风险预警体系,一方面可以切实防范金融风险,保障区域金融安全,另一方面可以确保区域内监管政策协调一致,加快资金融通进程。

（一）建立长期有效的区域信息沟通机制，扩大信息共享范围，区域内监管政策协调一致

中国应该加强"一带一路"沿线国家各监管部门的沟通协调，建立长期有效的区域信息沟通机制，尤其是加强征信管理部门之间的合作和交流，在金融服务、项目资源、征信立法情况等方面积极开展交流合作，扩大信息共享范围，确保区域内政策协调和监管一致。

（二）构建"一带一路"区域性金融风险预警体系，切实防范金融风险，保障区域金融安全

中国应提升金融机构自身的风险管理水平，做好客户信用风险管理，特别要关注"一带一路"所涉及各国的国别风险、市场风险、信用风险，准确把握各国的风险特性和发展趋势，对金融风险进行分级管理、有效监测与分析，发起海外投资风险补偿金，及时发现风险隐患，确保区域成员国金融安全。此外，应充分运用现代信息技术，建立透明的信息披露机制，降低信息不对称性。

23

产业合作：

"一带一路"共享发展路径

从工业化视角看，"一带一路"沿线国家处于不同的工业化阶段，拥有不同的经济发展水平，加之资源禀赋各异，形成了不同的优势产业类型。而这些产业也形成了三种不同的梯度：工业化后期国家的技术密集型与高附加值产业、工业化中期国家的资本密集型产业、工业化初期国家的劳动密集型产业。

中国作为一个步入工业化后期的发展中国家，工业化进程正在产生更大的"外溢"效应，很多产业领域可与"一带一路"沿线国家进行产业对接与合作，深入挖掘沿线地区发展潜力，充分调动沿线国家各方面的积极性，从而促进"一带一路"沿线国家产业升级、经济发展和工业化水平的进一步提升，让沿线国家以一种可持续的方式搭乘中国发展的"快车"和"便车"。

一、"一带一路"沿线国家工业化水平分析

从工业化视角来看，"一带一路"沿线国家处于不同的工业化阶段，拥有不同的经济发展水平，加之资源禀赋各异，形成了不同的优势产业类型，也形成了三种不同的梯度——工业化后期国家的技术密集型与高附加值产业、工业化中期国家的资本密集型产业、工业化初期国家的劳动密集型产业。

以 GDP、一二三产业比值、制造业增加值占总商品生产部门增加值的比重、城镇人口占总人口的比重、第一产业占就业比重等指标综合评价"一带一路"沿线国家工业化发展状况，其中工业化水平最高的是东南亚的新加坡和中东的以色列，处于后工业化时期。其他国家的工业化水平则分布在各个不同的阶段，处于前工业化时期的国家只有尼泊尔，处于工业化初期阶段的国家有 14 个，处于工业化中期阶段的国家有 16 个，处于工业化后期阶段的国家有 32 个。总体来看，"一带一路"沿线国家总体上仍处于工业化进程中，且大多数国家处于工业化中后期阶段，大体呈现"倒梯形"的结构特征。这充分说明了"一带一路"倡议"涵盖面宽"和"包容性强"的重要特征。

中国在"一带一路"沿线国家中工业化水平处于上游的位置。与中国处于同一工业化阶段的国家有俄罗斯，中东欧的克罗地亚、塞尔维亚及罗马尼亚，西亚、中东的巴林和约旦。有 14

个国家的工业化水平高于中国,有 44 个国家的工业化水平低于中国。中国应利用此工业化外溢效应,推进产业对接和合作,为相关国家提供更为丰富和形式多样的公共产品,以增进与沿线国家的互信。

二、中国与"一带一路"沿线国家的产业合作路径

当前,中国对"一带一路"64 个沿线国家的进出口比例均较低,出口只涉及相邻或相近的周边国家,进口商品以矿产品等初级产品为主,呈现出"出口范围局限性、进口商品特定性"的特征。

中国工业化进程中,产能过剩是中国第二产业面临的主要发展瓶颈,包括钢铁、水泥、电力、煤炭等传统重工业,纺织、造纸、制革等部分轻工业,以及多晶硅、风电设备、船舶等新兴产业,涵盖劳动力、资本、技术密集等各种类型。"一带一路"沿线国家中大部分国家的工业化水平低于中国,面临着工业化进一步发展的巨大任务,因此,除了优势产业的转移外,中国趋于过剩而其他国家却急缺的质优价廉产品能"走出去",也是中国与"一带一路"沿线国家产业合作的重要路径,能够实现合作双方供需互补、各施所长、各尽所能。

劳动密集型产业(如纺织品、玩具等)有望向以东南亚部分国家为代表的工业化初期国家转移,资源密集型产业(如能源产品、化工产品、金属制品)可以向以中东欧部分国家为代表的油气丰裕国家及以中亚部分国家为代表的矿产资源丰裕国家转

移,而中国可以扩大对这些国家资本、技术及高附加值产品的出口;部分技术密集和高附加值产业(如机电产品、部分装备制造产品),则有望向以中东欧部分国家为代表的工业化后期国家转移,实现技术的互通有无。如此一来,充分利用了"一带一路"沿线国家的互补性,第一产业梯度国家的产业升级会带动第二产业梯度国家的相应升级,第二产业梯度国家的产业升级也势必会带动第三产业梯度国家的相应升级,进而实现"一带一路"国家产业链的有效转移和分工明确的生产网络的构建,形成"新雁阵"分工和合作模式。

三、中国与"一带一路"沿线国家的产业合作政策建议

(一)建立完善促进产能合作体制机制与支持服务体系,构建完整的"一带一路"产业发展体系

深化改革,加强制度创新,把对外投资体制从审批制转变为备案制为主、审批为辅且落到实处,并在此基础上构建对外投资和国际合作的促进体制。与有关国家达成投资保护双边和多边协定,推动与有关国家已签署的共同行动计划、自贸协定、重点领域合作谅解备忘录等双边共识的尽快落实。制定相应的促进与支持政策措施,包括:海外投资与合作项目的所得税优惠和关税优惠鼓励、金融和保险的促进与支持政策措施、外贸和外援的促进与支持政策措施。积极动员各方力量,建立跨国产能合作重大项目库,搭建以政府为主体的跨国产能合作的信息平台与

信息网络体系。培育相关中介机构,推动中资会计师事务所、律师事务所、投资银行以及证券公司、征信、评级机构等中介机构"走出去",为中国企业"走出去"提供相关服务。

(二)创新商业运行模式,深度参与并负责由中国主导制定的新型国际经贸规则和经贸合作体系

1. 建设高水平的境外经贸合作区

建议中国与相关国家进一步完善双边或多边合作框架,将税收、金融、产业、科技、人才、技术标准等方面列为政策协调的重点,争取促成一批含金量高、可操作性强的优惠政策,使高水平海外产业园区成为特殊政策的优先实施平台。总结提高中马"两国双园"建设经验,积极推进"两国双园"模式,以及"两国多园""多国多园"模式。

2. 创新运用 PPP 模式开展基础设施投资和产能合作

中国企业要充分发挥资金、技术优势,积极探索开展"工程承包+融资""工程承包+融资+运营"等方式的合作,有条件的项目更多采用 BOT、PPP 等方式。借鉴国开行在国内设立"城市建设基础设施平台公司"的成功经验,发起设立"一带一路"沿线国家基础设施投融资平台,由中资公司以美元和人民币投资、相关国家授权企业以矿产资源入股的形式,把相对高收益的资源产业开发与低收益的基础设施建设结合起来,解决基础设施项目建设周期长、回报低、融资难的问题,进而促进产能合作。

3. 积极实施基础设施"建营一体化"

以往中国企业参与国际基础设施建设的主要业务是施工总承包或 EPC(设计—采购—建设)总承包,不仅没有全面满足国

际市场的需求，也使自己居于基础设施和产能合作价值链的低端，利润微薄。要积极推进基础设施"建营一体化"，重点是加大生产性服务的投入，将以工程建设为主体的对外工程承包业务链前伸后延，提升中国企业在国际基础设施产业分工体系中的地位，进而在价值链体系中实现从"汗水建造"向"智慧创造"的转变。

（三）深化工业化与信息化融合，带动相关产业升级转型，为现代工业、服务业的发展注入新活力

产业融合源于信息产业内部行业之间的渗透交叉，因为产业融合的条件决定了它必然是在关联度较强的行业之间发生，而且其中较为领先的行业必然是要具有较强的扩散和带动能力的。产业融合是信息化与工业化协调发展所形成的一种产业新范式，是不同产业或同一产业内部不同行业之间互相渗透、互相交叉，从而逐步形成新业态的过程，是社会生产力进步以及产业结构高度化的必然结果，是当今国内外产业发展的一种重要的新趋势。信息产业的融合进程由技术融合催生出融合性产品，进而培育出融合型市场，不仅实现了本行业的大发展，相应地也带动了其他相关产业升级转型。信息产业融合爆发出的增长能量在快速改变着社会经济运行模式，为现代工业、服务业的发展注入强大的活力。

1. 提升信息技术自主创新能力

信息技术发展水平是影响信息化应用水平和产业融合的瓶颈。中国信息产业的大发展是通过技术引进实现的，但基于竞争战略等因素，关键技术无法引进，同时由于在引进过程中不注

意对技术的消化、吸收和再创新,导致中国信息产业缺乏核心竞争力。国家应当加强科技基础平台建设,构建推动自主创新的基础平台和运作模式,建立和应用重大信息化系统的模拟验证环境,促进自主创新的信息技术产品和服务进入市场。加快实施标准和知识产权战略,鼓励企业创造和掌握更多的专利,建立专利推广应用机制,推进以企业为主体的技术创新体系建设。制定支持鼓励自主创新的政策措施,引导产学研用相结合,培育电子信息产品制造业原始创新、集成创新和引进消化吸收再创新能力。鼓励软件企业提高产业化、工程化和自主知识产权产品的比重,推动信息服务业务创新。

2. 实施"互联网+"先进制造行动计划

充分发挥中国互联网先发优势,在工业领域加快实施"互联网+"先进制造行动计划,培育基于互联网的新产品、新业态、新模式。一是加速培育工业互联网新产品。开展面向重点领域的工业云、工业大数据、物联网创新应用试点,培育基于互联网的个性化定制、众包设计、云制造等新型制造模式,推动形成基于消费需求动态感知的研发、制造、服务新方式。鼓励和支持行业企业间电子商务平台、综合物流服务平台发展,推广普及移动电子商务。加快构建"大数据、大支撑、大安全"安全生产平台,推动安全生产监管监察动态化、实时化,以及事故预判和风险防控自动化、智能化。二是加速制造业服务化转型。研究制定服务型制造发展的指导意见,支持企业积极发展新业务。三是加强工业互联网基础设施体系建设。研究制订工业互联网整体网络架构方案,超前部署工业互联网。搭建连接多地、多方参与、安全可靠的工业互联网试验网络,为工业互联网领域基础研究、技术创新、应用创新提供验证服务。

3. 大力发展生产性服务业

信息化与工业化的融合通过服务互动,能够促进生产性服务业发展。生产性服务(也称作生产者服务)指那些被其他商品和服务的生产者用作中间投入的服务。在信息化进程中,随着数字化规模的急剧膨胀、信息技术的高度发展以及信息平台的统一,产业关联中的信息流越来越强大和重要,并将替代物质流而成为产业关联的主导性基础。而信息流规模的扩大,把生产和消费、产品和服务紧密地结合在一起,使服务价值在产品中的价值比重扩大,并最终超过实体价值。上述产业发展趋势需要相应的专业服务配套,特别需要现代物流配送体系、信息服务体系和信用服务体系等生产性服务体系支撑。

24

中国方案：

"一带一路"包容性遇见全球现代化

中国特色社会主义进入新时代，同时，中国特色社会主义理论、制度、文化和道路不断发展，中国发展模式拓展了广大发展中国家走向现代化的途径，提供了全新的选择，为解决世界问题贡献了中国智慧和中国方案。

当今世界全人类面对的最大难题便是发展问题，其中问题的核心是如何让发展中国家更好地实现现代化发展。中国发展模式在政治、经济、文化、生态四个层面对发展中国家探寻现代化之路提供重要启示。

　　欧亚大陆在 15、16 世纪的地理大发现之前一直都是世界的中心,丝绸之路是当时主要的商道。1453 年奥斯曼土耳其帝国占领了君士坦丁堡,这条连接东西方的丝绸之路被拦腰切断,为了另寻一条通往东方的财富之路,于是便有了地理大发现。地理大发现不仅开创了海权时代,同时也开启了以西方为中心的全球化时代,西方成为整个世界的中心。在过去 500 年时间里,前 400 年欧洲主导着全球化的进程,其后是美国,这是全球化的政治核心。但是,进入 21 世纪后,美国主导的全球化体系正趋于崩塌瓦解,而中国逐渐成为 21 世纪全球化的主要引领者,世界体系的中心逐渐东移。

　　根据麦肯锡公司的世界经济长周期预测,2025 年世界经济的中心将从美国移至中国。而中国上一次为世界经济的中心,还是千年之前的宋朝。该预测指出,宋朝以后,世界经济中心从中国移至欧洲,后来又移到美国,2025 年回归中国。世界经济中心东移最快的时期就是 2000—2010 年。人类在 2000—2025 年迈出了过去近一个世纪(1820—1913)的步伐。

　　经济基础决定上层建筑。世界经济中心东移,国际政治格局也在东移,世界正在还原多样性。顺应人类文明演绎规律及世界经济长周期,作为全球化中坚力量的中国,汲取历史的智慧,把脉全球化未来,提出"一带一路"倡议,推动全球化再平衡。"一带一路"通过鼓励向西开放,带动中国西部开放以及中亚、蒙古等内陆国家的开发,在国际社会推行全球化的包容性发展理念;改变了历史上中亚等丝绸之路沿途地带只是作为东西方贸易、文化交流的过道而成为发展"洼地"的面貌,将欧亚大陆桥的内涵升级为互联互通,并延伸到非洲等地,实现时空超越。

"一带一路"倡议的提出,改变了中国改革开放着眼于东南沿海地带、首要向美国开放的逻辑,向西迈进,围绕欧亚大陆同时走向腹地和海洋。更重要的是,"一带一路"旨在扭转不公正、不可持续的全球化趋势。

国家发展改革委、外交部、商务部联合发布的《推动共建丝绸之路经济带和21世纪海上丝绸之路的愿景与行动》中提到,"共建'一带一路'旨在促进经济要素有序自由流动、资源高效配置和市场深度融合,推动沿线各国实现经济政策协调,开展更大范围、更高水平、更深层次的区域合作,共同打造开放、包容、均衡、普惠的区域经济合作架构"。正如习近平主席所述,"世界经济增长需要新动力,发展需要更加普惠平衡,贫富差距鸿沟有待弥合"。[①] 这一文明遗产如果可以运用到"一带一路"的建设中,指导世界各国人民除掉"和平赤字""发展赤字"和"治理赤字",将"一带一路"建成和平之路、繁荣之路、开放之路、创新之路、文明之路指日可待。

有专家认为,"丝绸之路之所以改变了历史,很大程度上是因为在丝路上穿行的人们把他们各自的文化像其带往远方的异国香料种子一样沿路撒播。"作为丝绸之路的复兴,"一带一路"

---

① 习近平:《携手推进"一带一路"建设》,《人民日报》2017年5月15日。

也就可称为新的长征，是中国在沿线国家的宣言书、宣传队、播种机，将中国与有关国家的合作与友谊拓展与深化，极大提升中国制造、中国营造、中国规划的能力与信誉，提升中国威望。就其地缘经济与战略效应而言，堪称"第二次地理大发现"，正在重塑人类文明史与全球化话语权，体现中国崛起后的天下担当。

"一带一路"倡议的提出，表明中国已走出近代、告别西方——不再在追赶西方中迷失自己，而是在走出一条符合自身国情的发展道路之后，鼓励更多发展中国家走符合自身国情的发展道路，对广大发展中国家走向现代化的拓展更具有非凡的借鉴意义，具体来看，中国发展模式在政治、经济、文化、生态四个层面对发展中国家探寻现代化之路提供重要启示。

一、政治层面：以人民为中心，坚持 走符合自身国情的道路

党的十八大以来，以习近平同志为核心的党中央牢牢坚持人民立场，进一步形成和发展了以人民为中心的发展思想，坚持把实现好、维护好、发展好最广大人民根本利益作为发展的根本目的，把增进人民福祉、促进人的全面发展作为发展的出发点和落脚点，维护社会公平正义，保障人民平等参与、平等发展权利，使发展成果更多更公平惠及全体人民，朝着共同富裕方向稳步前进。以人民为中心的发展思想充分体现人民主体地位，充分体现中国共产党坚持人民至上的价值取向，使中国的发展具有高度人民性。中国的现代化是为了人民的现代化，极大激发了全体人民的积极性、主动性和创造性，人民在整个现代化过程中

群策群力、共建共享。这是中国现代化道路越走越宽广、越来越成功的根本原因,也是中国现代化经验对发展中国家重要的启示。

中国也将民主政治建设作为政治体制改革的重要内容。西方国家的民主是竞选式民主,中国没有直接引进西方模式,而是根据中国的国情,形成了自己独特的民主模式,坚持走选举民主、协商民主和党内民主结合的民主制度的道路,这种中国特色民主制度正在成为世界民主制度的一种新模式。纵观当今世界,对于广大发展中国家来说,如何追求适合自己的民主形式才是关键,不能盲目地一味追求西方民主模式而忽略了本国国情。

其中,协商民主是中国政治模式精华部分之一,在"一带一路"的进程中,我们倡导"共商、共建、共享",这也是中国协商民主模式走出国门的一次试验。"一带一路"沿线涉及的国家众多,各种文化传统之间的关系复杂,各方利益考量更是错综难解,这无疑给多边合作带来种种挑战,但协商民主可以协助解决问题。中国倡导尊重各个国家的主权,主张国家不分大小、强弱、贫富一律平等,加强合作关系,通过"共商、共建、共享",让每一方都出于自己的利益自愿加入"一带一路"中来,并能在"一带一路"中实现合作共赢。

二、经济层面:加快对外开放步伐,推动形成全面开放的新格局

改革开放至今,中国发展给广大发展中国家最多震撼的无疑是经济方面的成就。经过几十年的努力,中国已成为世界第

二大经济体。中国经济的成就给全世界,特别是广大发展中国家树立了榜样,为发展中国家摆脱贫困、改善民生、推进创新、走向富裕作出了示范。中国的崛起,让广大发展中国家深切地意识到后发国家实现现代化是必要的,更是可能的。

中国几十多年来的发展历程真切地告诉人们:要实现发展唯有主动地融入经济全球化。邓小平认为,中国近代落后于时代的主要原因就是闭关自守。1978年以来中国一改过去的封闭、半封闭状态,主动融入国际市场,参与到国际竞争中来,在竞争中改进自己、发展自己。中国的开放程度与中国经济增长的速度是成正比的,经济开放和加入国际分工体系也意味着一个国家可以发挥自己的比较优势,并借助于国际市场来实现经济增长和社会发展。中国的经验也证明,对于那些劳动力相对丰富、资本又相对稀缺的发展中国家来说,对外开放尤为重要。对于这些国家来说,只有通过国际贸易来获取更高的收入,并逐步进行资本的积累,实现产业结构的升级换代,充分发挥本国的比较优势,在国际分工体系中逐步上升到水平更高的位置。对于发展中国家来说,对外开放"既体现为商品市场上的国际贸易的增加,也体现为资本市场上对国际资本的吸纳"。中国对外开放的成功为发展中国家谋求现代化提供了借鉴。

中国政府审时度势,明确向西方学习的首先是西方经济模式。邓小平强调,资本主义可以利用市场,社会主义也可以利用市场,不管黑猫白猫,抓住老鼠的就是好猫。这就把原先认定是专属于资本主义的市场中立化了,为中国建立市场经济体制奠定了理论基础。中国把市场经济和社会主义的价值目标结合在一起,形成了中国特色社会主义市场经济。中国将市场与计划结合,始终坚持政府对市场的宏观调控,正是这些特点确保了中国在经济发展过程中既能避免"政府失灵"也能避免"市场失灵"。

中国非常重视培育和创造新的增长点。"一带一路"通过改善基础设施,推动通关便利,减少供应壁垒,完善行业标准,改善政府服务等,推动跨境商品自由流动,推动国际经济合作发展。以中欧班列为例,中国、俄罗斯、德国、哈萨克斯坦等七国签署了《关于深化中欧班列合作协议》。中欧班列已累计开行6000多列,已成为"一带一路"沿线地区重要的物流通道,为"一带一路"沿线国家的经济注入了新的活力。

三、文化层面:树立文化自信, 推动文明交流互鉴

中国不以西方话语马首是瞻,而是创造自己的话语,在这些中国特色的话语背后就是当今中国独特的思想文化。中国独特的话语和支撑这些话语的中国独特的思想文化,同样是中国模式、中国道路、中国经验的有机组成部分。

西方主流理论源于发达国家经验,而且经常还是以在发达国家也尚未完全达到的理想条件为前提,拿到发展中国家来运用,必然会有许多局限性。在现代化、全球化大潮中,闭关锁国不行,照搬发达国家的道路、理论、制度、文化亦不可行,学习参考他人要建立在对自己道路、理论、制度、文化具有高度自信的基础上。

从文化自我更新的角度来看,中华文化既能适应经济基础

不断提升、政治组织与经济组织不断变化，又能保持其精神实质，并以相应形式与变化相呼应。以儒家为例，孔子所以被称为"圣之时者"，是因为他总是能够因地制宜、因时制宜；他把过去的经典按照时代需要给予了创新性整理和诠释，正所谓"苟日新，日日新，又日新"。其后儒家文化吸纳了佛教文化的内涵，发展为宋明"理学"和"心学"，以儒家文化为重要传承内容的中华文化有能力随着时代而调整、创新。这一点也可以从日本和"亚洲四小龙"有能力在儒家文化基础上实现现代化得到证明。

世界上有80%以上的人口生活在发展中国家，他们和中国一样都有实现国家现代化的梦想和追求，中华民族伟大复兴带来的不仅是中国梦实现，还因为发展中国家之间的条件相似，来自中国文化复兴、文化自信经验总结出来的理论，有可能帮助其他发展中国家实现现代化，为人类不断贡献其文化自信的力量。

四、生态层面：建设美丽中国，
推动全球可持续发展

党的十九大报告明确指出要"加快生态文明体制改革，建设美丽中国"，将坚持人与自然和谐共生作为新时代坚持和发展中国特色社会主义的基本方略之一。中国共产党将生态文明建设提升到人类文明的高度，提出要牢固树立社会主义生态文明观。注重生态文明建设，加快产业转型升级、实现绿色发展已经成为中国社会普遍的共识，中国不仅找到了自己的生态文明发展道路，而且为全球性的可持续发展找到了一条道路。

　　"人类只有一个地球,各国共处一个世界"①,建设生态文明关乎人类未来。人与自然是生命共同体,坚持绿色低碳的发展道路,建设一个清洁美丽的世界。构筑尊崇自然、绿色发展的生态体系。国际社会应该携手同行,共谋全球生态文明建设之路,世界休戚与共,需要携手前行,共迎挑战。

　　中国特色社会主义的辉煌成就,意味着中国特色社会主义拓展了发展中国家走向现代化的途径,为解决人类问题贡献了中国智慧、提供了中国方案,打破了对西方路径的依赖,克服了后发劣势,破解了许多发展中国家所面临的发展与稳定、对外开放与独立自主不能兼顾的难题,形成了重大的世界性贡献。相信在"一带一路"倡议的带动之下,广大发展中国家在结合自身国情的前提下能够稳步实现现代化发展。

---

① 习近平:《共同创造亚洲和世界的美好未来》,《人民日报》2013年4月8日。

附　　录

"一带一路"2017 年度十大
进展和 2018 年十大趋势

一、"一带一路"2017 年度十大进展

（一）"一带一路"写入中国共产党十九大报告和《中国共产党章程》，彰显中国共产党为人类进步事业而奋斗的光辉形象

党的十九大报告五处提及"一带一路"建设，指出中国坚持对外开放的基本国策，坚持打开国门搞建设，积极促进"一带一路"国际合作，努力实现政策沟通、设施联通、贸易畅通、资金融通、民心相通，打造国际合作新平台，增添共同发展新动力。习近平总书记强调要以"一带一路"建设为重点，坚持"引进来"和"走出去"并重，遵循共商、共建、共享原则，加强创新能力开放合作，形成陆海内外联动、东西双向互济的开放格局。2017 年 10 月 24 日，党的十九大通过《中国共产党章程(修正案)》决议，将推进"一带一路"建设写入《党章》。《党章》指出，中国共产党坚持独立自主的和平外交政策，坚持和平发展道路，坚持互利

共赢的开放战略,推动构建人类命运共同体,遵循共商、共建、共享原则,推进"一带一路"建设。"一带一路"写入《党章》充分体现了在中国共产党的领导下,中国高度重视、坚定推进"一带一路"国际合作的决心和信心,强有力表明中国共产党是为中国人民谋幸福、为中华民族谋复兴的政党,也是为人类进步事业而不懈奋斗的政党。

(二)习近平主席出席首届"一带一路"国际合作高峰论坛并发表主旨讲话,"一带一路"中国动力澎湃十足

2017年5月,首届"一带一路"国际合作高峰论坛在北京举办,这是"一带一路"框架下最高规格的国际活动,也是新中国成立以来由中国首倡、中国主办的层级最高、规模最大的多边外交活动,是中国年度最重要的主场外交。习近平主席在讲话中强调,要坚持和平合作、开放包容、互学互鉴、互利共赢为核心的丝路精神,将"一带一路"建设成为和平、繁荣、开放、创新、文明之路,宣布中国将加大对"一带一路"资金支持,并于2019年举办第二届"一带一路"国际合作高峰论坛。会议通过《"一带一路"国际合作高峰论坛圆桌峰会联合公报》,发表论坛成果清单,达成5大类、76大项、270多项合作成果,明确了"一带一路"合作方向、原则和举措。2017年6月,推进"一带一路"建设工作会议认真学习贯彻习近平总书记在首届"一带一路"国际合作高峰论坛上的重要讲话精神,总结推进"一带一路"建设工作情况,讨论有关文件,部署下一步重点工作。

（三）联合国高度评价"一带一路"倡议，中国首倡的人类命运共同体理念，共商、共建、共享全球治理观纳入联合国文件

联合国秘书长古特雷斯表示，"一带一路"倡议具有远见卓识，它不仅有利于国家之间实现联通，而且使各国人民之间民心相通，进而形成人类命运共同体，为世界提供中国方案。2016年11月，"一带一路"倡议首次写入第71届联合国大会决议，并得到193个会员国一致赞同。2017年2月，联合国社会发展委员会第55届会议协商一致通过"非洲发展新伙伴关系的社会层面"决议，呼吁国际社会本着构建人类命运共同体精神，加强对非洲经济社会发展的支持。2017年3月，联合国安理会一致通过第2344号决议，呼吁国际社会通过"一带一路"建设加强区域经济合作，要求各方以合作共赢精神构建人类命运共同体。2017年9月，联合国大会通过关于"联合国与全球经济治理"决议，将"一带一路"倡导的"共商、共建、共享"理念纳入其中。2017年9月，中国外交部与联合国经社事务部签署"一带一路"倡议谅解备忘录，合作帮助"一带一路"沿线国家提高发展能力，推动"一带一路"建设和落实2030年可持续发展议程。2017年9月，联合国世界旅游组织第22届全会部长会议发布《"一带一路"旅游合作成都倡议》，倡议加强"一带一路"旅游合作。

（四）美国特朗普总统首访中国，稳定健康的中美关系推动"一带一路"建设

2017年11月8日至10日，美国总统特朗普应国家主席习

近平邀请对中国进行国事访问。这是中共十九大胜利闭幕后中方接待的第一起国事访问。两国元首就中美关系及共同关心的重要国际和地区问题广泛、深入交换意见,一致同意继续发挥元首外交对两国关系的战略引领作用,推动中美关系得到更大发展。2017 年 5 月,特朗普总统派白宫国安会亚洲事务高级主任波廷杰率团参加"一带一路"国际合作高峰论坛。

(五)"一带一路""朋友圈"覆盖五大洲,推动中国全面开放新格局加快形成

共有来自 29 个国家的国家元首、政府首脑及联合国秘书长、红十字国际委员会主席等 3 位重要国际组织负责人以及来自 140 多个国家和 80 多个国际组织的 1600 多名代表出席"一带一路"国际合作高峰论坛,协调、对接、合作、共赢,一系列真挚而又务实的行动让中国与世界的距离更近了。截至 2017 年 9 月,中国已同 74 个国家和国际组织签署"一带一路"合作文件,涵盖互联互通、产能、投资、经贸、金融、科技、社会、人文、民生、海洋等合作领域。同时,国内多家部委陆续发布"一带一路"相关领域合作规划、报告和行动方案进行政策对接,中国 31 个省、自治区、直辖市和新疆生产建设兵团"一带一路"建设实施方案衔接工作完成,"一带一路"正在加速引领陆海内外联动、东西双向互济的开放格局。

(六)中国首个海外保障基地投入使用,"一带一路"安全保障稳步推进

2017 年 7 月,中国人民解放军驻吉布提保障基地成立,标

志着中国首个海外保障基地建成和投入使用，主要为我军在非洲和西亚方向参与护航、维和、人道主义救援等任务提供有效保障，与有关方面共同维护国际战略通道安全；从2008年我国海军首次派出护航编队至今，我海军护航编队累计安全护送中外船舶约6400艘次。2017年9月，作为联合国安理会常任理事国中最大维和出兵国和联合国维和摊款第二大出资国，中国根据新的联合国维和能力待命机制要求，经与联合国充分协调沟通，完成8000人规模维和待命部队在联合国的注册工作。中国国家安全部与20多个国家安全部门2017年5月在北京举行"一带一路"安全合作对话会，与会各方愿同中方加强安全合作，同心协力为"一带一路"建设提供安全保障。

（七）亚洲基础设施投资银行成员达到80个，"一带一路"金融合作网络初具规模

2017年6月，亚投行第二届理事会年会在韩国济州举行，吸纳3个新意向成员加入，成员总数增至80个，成为仅次于世界银行的多边金融机构，目前已为"一带一路"建设参与国的9个项目提供17亿美元贷款。截至目前，丝路基金承诺资金达到68亿美元，实际出资50多亿美元，现已投资16个项目，在2017年5月"一带一路"国际合作高峰论坛上，中国宣布向丝路基金增资1000亿元人民币。全国金融工作会议强调推进"一带一路"金融创新。中国人民银行与20多个沿线国家央行签订双边本币互换协议。中国同中东欧"16+1"金融控股公司正式成立。"一带一路"金融合作网络初步形成，推动"一带一路"可持续融资发展。

(八)"一带一路"贸易投资持续增长,产能合作不断扩大,基础设施互联互通网络逐步成型

2016年中国与"一带一路"沿线国家进出口总额高达6.3万亿元,占中国贸易总额比重为25.7%,中国对"一带一路"沿线国家投资累计超过500亿美元。截至目前,中国企业在沿线24个国家推进建设了75个境外经贸合作区,入区企业达到3412家,上缴东道国税费累计22.1亿美元,为当地创造20.9万余个就业岗位。中国同30多个国家签署产能合作协议,初步形成覆盖亚非欧美四大洲、可复制可推广的产能合作模式和布局。以中巴、中蒙俄等经济走廊建设为引领,以陆海空通道和信息高速路为骨架,以铁路、港口、管网等重大工程为依托,"一带一路"基础设施领域一大批有影响力的标志性项目顺利落地。中国与白俄罗斯、德国、哈萨克斯坦、蒙古、波兰、俄罗斯等7个国家铁路部门签署《关于深化中欧班列合作协议》,中欧班列贯通欧亚,国内开行城市已达28个,覆盖21个省区市,班次多达50多条,累计开行6000多列,到达欧洲12个国家30多个城市。蒙内铁路开通运营,匈塞铁路开工建设,雅万高铁进入全面实施阶段,中老铁路、中泰铁路、马来西亚南部铁路等有序推进。中国与沿线国家签署130多个双边和区域运输协定,开通了356条国际道路客货运输线路,与43个沿线国家实现空中直航。

(九)"一带一路"国际合作高峰论坛专设"智库交流"平行主题会议,"智力丝绸之路"加速推进

共有来自40多个国家的200多位智库负责人、前政要、知

名人士以及中国国家高端智库和研究机构专家代表参加高峰论坛"智库交流"平行主题会议,签署《构建多彩丝绸之路的共识》,聚焦"携手打造智力丝绸之路"主题,形成共建"一带一路"重要共识。目前,中国科研机构和高等院校成立的"一带一路"研究平台超过300家,参与"一带一路"研究的外国知名智库已有50多家。"一带一路"智库合作联盟、"丝路国际智库网络"等智库研究日益深入,相继发布《中国"一带一路"投资与安全研究报告》《"一带一路"年度报告:行者智见(2017)》《"一带一路"的国际合作共赢方案及实现路径》《打造"一带一路"升级版:从顶层设计到国际共识》多份智库报告,引发广泛关注。"一带一路"建设工作领导小组办公室指导、国家信息中心"一带一路"大数据中心发布《"一带一路"大数据报告(2017)》。智库在促进学术交流、咨政建言、联合研究、舆论宣介引导等方面重要作用日益凸显。

(十)"一带一路"人文交流活跃,中华文化影响力稳步提升

2017年1月,文化部印发《"一带一路"文化发展行动计划(2016—2020年)》,为"一带一路"人文交流深入开展绘制路线图。目前,中国已与"一带一路"沿线60多个国家全部签订政府间文化交流合作协定,在"一带一路"沿线国家已设立11个中国文化中心,与24个"一带一路"国家签订学历学位互认协议,发布70项涉及"一带一路"46个沿线国家的专项课题,设立"一带一路"沿线国家研究智库报告课题。2017年9月,首届中国北京国际语言文化博览会举办,64个"一带一路"参与国家的

留学生代表共同发出《"一带一路"语言文化交流合作倡议》;第二届丝绸之路(敦煌)国际文化博览会在甘肃敦煌举行。2017年10月,"丝绸之路国际艺术节联盟"在上海正式成立,共有32个国家和地区的124个艺术节和机构加入。人民日报举办第二届媒体合作论坛。"一带一路"电影节、图书展、戏剧节、音乐节、艺术节、运动会、博览会、传统医药会议、文化遗产保护工程等人文交流为"一带一路"筑牢社会根基,夯实民意基础,实现民心相通发挥积极作用。

二、"一带一路"2018年十大趋势

2018年,中国将迎来改革开放40周年和"一带一路"倡议提出5周年。中国将携手各方落实"一带一路"国际合作高峰论坛各项成果共识,在不断拓展中国改革开放、创新发展的进程中,为推动构建新型国际关系、推动构建人类命运共同体贡献更多中国智慧和中国方案。

(一)新时代开启新篇章

2018年,"一带一路"将进一步汇聚各方智慧,总结成果经验,规划合作路径,共建合作平台,推动沿线国家开展更大范围、更高水平、更深层次的国际合作,开启建设新篇章,进入全面推进务实合作新阶段。

(二)新思想注入新活力

"一带一路"建设将在习近平新时代中国特色社会主义思

想指引下,启发沿线各国寻找适合本国国情的发展路径和发展方案,更好应对经济全球化挑战,实现共同发展。

(三)机制建设更加完善

中国将设立"一带一路"国际合作高峰论坛后续联络机制,发挥平台整合作用和优势,与二十国集团、亚太经合组织等国际组织相互补充和促进,进一步健全和完善国际合作机制,推动现有双边、多边、次区域和区域合作机制框架进一步整合优化升级。

(四)各方参与持续增加

"一带一路"影响力、感召力、塑造力不断增强,越来越多的国家认同和支持"一带一路"共商、共建、共享的合作原则,"一带一路""朋友圈"将不断扩大。

(五)融资渠道更趋多元

金融是"一带一路"建设的重要保障。"一带一路"将进一步拓宽融资渠道,降低融资成本,充分发挥新兴多边开发性金融机构作用,吸引更多资金服务"一带一路"建设。随着"一带一路"融资发展,人民币国际化进程将加快。

(六)创新动力源源不断

创新是引领"一带一路"发展的第一动力。中国将于2018年举办中国国际进口博览会,"一带一路"将进一步发挥中国创新优势和引航作用,推进数字经济、智能经济、共享经济、绿色经济、蓝色经济、协同经济、平台经济、自贸区等发展,加快数字、绿色、健康、冰上丝绸之路建设。

（七）安全防火墙越筑越牢

和平是"一带一路"建设的前提和基础。"一带一路"深入推进将进一步凸显安全保障的重要性。"一带一路"将妥善处理地缘政治、大国争夺、政局动荡、经济危机、网络安全等因素，进一步健全风险防控体系，进一步牢筑安全防火墙，为"五通"建设营造安全环境。

（八）人民获得感越来越强

"一带一路"倡议来自中国，成效惠及世界。习近平主席在首届国际合作高峰论坛上宣布中国将在未来 3 年向参与"一带一路"建设的发展中国家和国际组织提供 600 亿元人民币援助，建设更多民生项目。随着"一带一路"基础设施、产能合作、贸易投资、生态环保等项目稳步推进，沿线国家和人民将不断从中收益，获得感将会越来越强。

（九）文化交融更加深入

文化交融促进民心相通。中国计划到 2020 年与"一带一路"沿线国家和地区的文化交流规模达到 3 万人次，邀请 800 名著名智库学者、汉学家、翻译家来华交流、研修，培养 150 名国际青年文化修复和博物馆管理人才，再设 13 个中国文化中心。"一带一路"文化交融将持续推进，其对创新中华文化传播途径和模式也提出了更高的要求。

（十）支撑体系更为完善

"一带一路"涉及多领域、多层面、多主体，其深入推进需要语言、智库、人才等多方面支持，将汉语国际传播纳入"一带一路"整体规划，进一步发挥"一带一路"智库作用，培养更多精通语言、熟悉国际规则、善于开展跨文化交流的"一带一路"专门人才，将是未来建设的努力方向。

参考文献

陈晓东：《用绿色发展将"一带一路"建成命运共同体》，《区域经济评论》2017 年第 6 期。

程翠云、翁智雄、葛察忠、段赟婷：《绿色丝绸之路建设思路与重点任务——〈"一带一路"生态环保合作规划〉解读》，《环境保护》2017 年第 18 期。

第一财经：《一带一路引领全球化新时代》，上海交通大学出版社 2017 年版。

丁雅诵：《高校智库如何与国家发展同步》，《人民日报》2017 年 8 月 10 日。

国冬梅、王玉娟：《绿色"一带一路"建设研究及建议》，《中国环境管理》2017 年第 3 期。

何亚非：《选择：中国与全球治理》，中国人民大学出版社 2015 年版。

胡鞍钢、张新、张巍：《开发"一带一路一道（北极航道）"建设的战略内涵与构想》，《清华大学学报（哲学社会科学版）》2017 年第 3 期。

解然：《绿色"一带一路"建设的机遇、挑战与对策》，《国际经济合作》2017 年第 4 期。

李振福：《北极航运与"一带一路"战略》，《中国船检》2016年第 1 期。

廉单：《为绿色丝路贡献中国智慧》，《经济日报》2017 年 12月 7 日。

梁昊光、靳怡璇：《"一带一路"全球治理与智库话语权》，《深圳大学学报（人文社会科学版）》2017 年第 6 期。

梁昊光：《一带一路：共建人类命运共同体的有力支点》，《中国经济时报》2017 年 5 月 11 日。

梁昊光：《"一带一路"如何走得通、走得远、走得久》，《人民论坛·学术前沿》2017 年第 8 期。

梁昊光：《人类命运共同体的实践路径》，《人民论坛》2017年第 28 期。

刘惠荣、李浩梅：《北极航线的价值和意义："一带一路"战略下的解读》，《中国海商法研究》2015 年第 2 期。

刘卫东、Michael Dunford、高菠阳：《"一带一路"倡议的理论建构——从新自由主义全球化到包容性全球化》，《地理科学进展》2017 年第 11 期。

卢萍：《浦发银行布局"一带一路"跨境金融》，《新华日报》2015 年 7 月 10 日。

陆钢：《大数据时代下"一带一路"决策系统的构建》，《当代世界》2015 年第 7 期。

罗旭：《莫让小语种人才稀缺影响"一带一路"脚步》，《光明日报》2017 年 8 月 3 日。

马骏：《国际绿色金融发展与案例研究》，中国金融出版社

2017 年版。

庞海坡:《绿色发展融入"一带一路"战略的现实需求与制度保障》,《人民论坛》2017 年第 4 期。

沈骑:《"一带一路"倡议下国家外语能力建设的战略转型》,《云南师范大学学报(哲学社会科学版)》2015 年第 5 期。

沈骑:《"一带一路"倡议下中国语言规划的五大任务》,《光明日报》2017 年 5 月 7 日。

时文朝:《打造"一带一路"银联支付网络》,《人民日报》2017 年 9 月 7 日。

孙吉胜:《国家外语能力建设与"一带一路"的民心相通》,《公共外交季刊》2016 年第 3 期。

田国强:《供给侧结构性改革的重点和难点——建立有效市场和维护服务型有限政府是关键》,《人民论坛·学术前沿》2016 年第 14 期。

田颖聪:《"一带一路"沿线国家生态环境保护》,《经济研究参考》2017 年第 15 期。

王铭玉:《为"一带一路"建设铺好语言服务之路》,《人民日报》2017 年 4 月 17 日。

王文、刘英:《金砖国家:新全球化的发动机》,新世界出版社 2017 年版。

王文,曹明弟:《绿色金融与"一带一路"》,《中国金融》2016 年第 16 期。

王义桅:《全球治理的中国思维》,《人民论坛》2017 年第 30 期。

王振、赵付春、王滢波:《发展数字经济点亮创新之路》,《人民日报》2017 年 5 月 22 日。

习近平:《习近平谈治国理政》,外文出版社 2014 年版。

杨宜勇:《打造绿色"一带一路"应把握三个关键问题》,《区域经济评论》2017 年第 6 期。

余江英:《东道国语言选择对 FDI 流入影响的实证研究》,《长江大学学报(社科版)》2016 年第 8 期。

张敏:《"一带一路"建设中如何实践绿色发展理念》,《区域经济评论》2017 年第 6 期。

张日培:《服务于"一带一路"的语言规划构想》,《云南师范大学学报(哲学社会科学版)》2015 年第 4 期。

张耀军、宋佳芸:《数字"一带一路"的挑战与应对》,《深圳大学学报(人文社会科学版)》2017 年第 5 期。

张耀军:《"一带一路":人类命运共同体的重要实践路径》,《人民论坛》2017 年第 30 期。

赵世举、黄南津:《语言服务与"一带一路"》,社会科学文献出版社 2016 年版。

赵月枝:《什么是中国故事的力量之源——全球传播格局与文化领导权之争》,《人民论坛》2014 年第 24 期。

中国人民大学重阳研究院、中国人民大学生态金融研究中心:《绿色金融与"一带一路"》,中国金融出版社 2017 年版。

中国信息通信研究院:《中国数字经济发展白皮书》,2017 年 7 月 13 日。

周国梅、解然、周军:《明确目标,抓住重点,推动"一带一路"绿色发展》,《环境保护》2017 年第 13 期。

周昭:《基于"一带一路"背景下绿色金融战略研究》,《技术经济与管理研究》2017年第11期。

邹统钎、梁昊光:《中国"一带一路"投资与安全研究报告（2016—2017）》,社会科学文献出版社2017年版。

策划编辑：郑海燕
责任编辑：郑海燕
封面设计：吴燕妮
责任校对：吕　飞

图书在版编目(CIP)数据

"一带一路"：二十四个重大理论问题/梁昊光　等　著. —北京：
人民出版社,2018.5
ISBN 978－7－01－019061－7

Ⅰ.①一… 　Ⅱ.①梁… 　Ⅲ.①"一带一路"-国际合作-理论研究
　Ⅳ.①F125

中国版本图书馆 CIP 数据核字(2018)第 047908 号

"一带一路"：二十四个重大理论问题
YIDAI YILU:ERSHISIGE ZHONGDA LILUN WENTI

梁昊光　张耀军　著

人民出版社 出版发行
(100706　北京市东城区隆福寺街 99 号)

北京汇林印务有限公司印刷　新华书店经销

2018 年 5 月第 1 版　2018 年 5 月北京第 1 次印刷
开本:710 毫米×1000 毫米 1/16　印张:18.5
字数:192 千字

ISBN 978－7－01－019061－7　定价:108.00 元

邮购地址 100706　北京市东城区隆福寺街 99 号
人民东方图书销售中心　电话 (010)65250042　65289539